Romance Espírita

¡VALIÓ LA PENA!

Por los espíritus
Felisberto, María Dalva y Saulo

Psicografía de
VERA LÚCIA MARINZECK DE CARVALHO

Traducción al Español:
J.Thomas Saldias, MSc.
Trujillo, Perú, Enero 2023

Título Original en Portugués:

"Valeu a pena!"
© Vera Lúcia Marinzeck de Carvalho, 1993

World Spiritist Institute
Houston, Texas, USA
E– mail: contact@worldspiritistinstitute.org

De la Médium

Vera Lúcia Marinzeck de Carvalho (São Sebastião do Paraíso, 21 de octubre –) es una médium espírita brasileña.

Desde pequeña se dio cuenta de su mediumnidad, en forma de clarividencia. Un vecino le prestó la primera obra espírita que leyó, "El Libro de los Espíritus", de Allan Kardec. Comenzó a seguir la Doctrina Espírita en 1975.

Recibe obras dictadas por los espíritus Patrícia, Rosângela, Jussara y Antônio Carlos, con quienes comenzó en psicografía, practicando durante nueve años hasta el lanzamiento de su primer trabajo en 1990.

El libro "Violetas na Janela", del espíritu Patrícia, publicado en 1993, se ha convertido en un éxito de ventas en el Brasil con más de 2 millones de copias vendidas habiendo sido traducido al inglés, español, francés y alemán, a través del World Spiritist Institute.

Del Traductor

Jesus Thomas Saldias, MSc., nació en Trujillo, Perú.

Desde los años 80s conoció la doctrina espírita gracias a su estadía en Brasil donde tuvo oportunidad de interactuar a través de médiums con el Dr. Napoleón Rodriguez Laureano, quien se convirtió en su mentor y guía espiritual.

Posteriormente se mudó al Estado de Texas, en los Estados Unidos y se graduó en la carrera de Zootecnia en la Universidad de Texas A&M. Obtuvo también su Maestría en Ciencias de Fauna Silvestre siguiendo sus estudios de Doctorado en la misma universidad.

Terminada su carrera académica, estableció la empresa *Global Specialized Consultants LLC* a través de la cual promovió el Uso Sostenible de Recursos Naturales a través de Latino América y luego fue partícipe de la formación del **World Spiritist Institute**, registrado en el Estado de Texas como una

ONG sin fines de lucro con la finalidad de promover la divulgación de la doctrina espírita.

Actualmente se encuentra trabajando desde Perú en la traducción de libros de varios médiums y espíritus del portugués al español, habiendo traducido más de 160 títulos, así como conduciendo el programa "La Hora de los Espíritus."

Índice

PREFACIO

Tenemos que aprovechar las oportunidades del presente. Si dejamos de hacer, si dejamos de progresar, esto ya es el pasado. Si dejamos el bien por hacer en el futuro, es indolente e incierto. Debemos hacerlo ahora. Construir, progresar, multiplicar el talento que se nos ha dado en el momento presente. Muchos lo consiguen. No es nada milagroso, pero sí alcanzable. Tenemos que aprovechar las oportunidades que nos ofrece el amor.

Para animar a mis amigos encarnados, he invitado a tres queridos amigos a que les narren sus vidas y desencarnaciones.

Notará que el primero hizo todo para merecer ser llamado bueno, solo que no estudió cuando encarnó. La segunda hizo mucho, se superó a sí misma, en una encarnación victoriosa, del bien al prójimo y a sí misma. Tenía un conocimiento relativo. El tercero lo hizo todo, pero con una diferencia, se llenó de conocimiento.

Nuestra intención en la elaboración de este libro era aportar a nuestros hermanos encarnados algunas diferencias en la forma de ser, de actuar y, en consecuencia, del karma resultante de estas acciones. Verán los lectores que, aunque los personajes han vivido su existencia terrenal en el mismo movimiento religioso, han reaccionado de forma diferente aunque dentro del plano moral elevado. Pero con puntos de vista y resultados algo diferentes entre sí. Mis amigos lectores se darán cuenta que dos de ellos todavía se sienten atados por un karma y por acciones anteriores. Y en la tercera tenemos la oportunidad de ver al espíritu actuar y vivir sin las consecuencias del ayer. Verán cómo el espíritu actúa liberado de su pasado evolutivo.

Si muchos son capaces de lograr esto mientras están encarnados, usted amigo lector también puede hacerlo. Camine, haga, modifíquese interiormente para mejorar. Conviértase en un servidor del Padre, sirva al bien. El que se empeña en ayudar a su prójimo lo tiene todo para llegar a ser bueno. No deje que la inercia se apodere de usted, ese enemigo que nos hace detenernos en nuestro camino. Viva en la bondad y verá que valdrá la pena.

Amigo mío, construya en el presente lo que desea para el futuro. Y que las enseñanzas de nuestro Maestro Jesús sean las flechas en nuestro camino hacia la felicidad.

¡Que el Padre nos bendiga!

Antônio Carlos,

São Carlos – SP – 1993

PRIMERA PARTE

I.– Despierto

Me desperecé con gusto. Hacía mucho tiempo que no dormía tan bien. La cama estaba limpia, perfumada y sentí placer al acostarme. Me pasé la mano por la cabeza, tenía el pelo cortado y la barba hecha. Volví a entrecerrar los ojos. Abrí los ojos lentamente. El lugar era tenue, casi una penumbra. No observé el lugar, no me importó. Recé como siempre que me despertaba. Rezar siempre había sido importante para mí, me gustaba y me sigue gustando hacerlo. Después de rezar, me miré más de cerca.

– "No siento el dolor habitual – pensé –, no me duele nada."

Intenté darme la vuelta y lo hice con facilidad. ¡La cama era muy bonita! Volví a ponerme de espaldas, levanté la cabeza y ajusté la almohada.

"Me pregunto si me dieron un analgésico más fuerte para no sentir dolor. ¿Qué habrá pasado?" – Abrí los ojos y solo entonces comencé a observar dónde estaba.

– Es una enfermería. ¿Es la misma en la que estuve antes, ayer? Aquí se ve diferente. Me pregunto si esta vez he desencarnado.

No tenía el más mínimo miedo a desencarnar. Toda mi vida he trabajado con espíritus desencarnados. Con los buenos que me ayudaron y con los espíritus desafortunados a los que ayudé con la ayuda de amigos. Sabía que iba a desencarnar, todo el mundo lo sabe. Pero debo tener cuidado. Recordé y sonreí por un episodio que había ocurrido unos días antes. También me desperté pensando que había desencarnado y le pregunté a la enfermera:

– Buenos días, hermana! ¿Dónde estoy? ¿En un hospital de la Colonia? ¿En una enfermería del plano espiritual? ¿Estamos desencarnados?

– ¿Cómo, señor? ¿Qué dice usted? ¿Está bien? ¿Quiere que llame al médico?

Puso una tremenda cara de asombro. Comprendí, en el acto, que estaba encarnado. No pude ocultar mi decepción. Intenté sonreír y pregunté:

– ¿Dónde estoy?

– En la Santa Casa de Misericordia, en un pabellón masculino. Usted se encontraba mal ayer por la tarde, sus hijos lo trajeron y lo ingresaron. Estaba inconsciente. Pero, ¿qué es lo que realmente ha pedido?

– Nada, hija, nada, gracias. Estoy bien.

La sala a la que se refería era una pequeña y sencilla habitación asegurada por el gobierno. No estaba nada bien. Me dolía la barriga, la espalda y la cabeza. Entonces la enfermera me puso una inyección que confirmó que seguía encarnado. En el plano espiritual no existe ese tratamiento doloroso.

– "Bueno, paciencia – pensé –, esta vez no. Debo esperar con resignación la desencarnación." Y en esos días había inyecciones y muchos medicamentos y nada para mejorar. Ahora estaba despierto de nuevo, no sabía dónde estaba. ¿Estaba en otra sala? ¿O había desencarnado?

¿La mejora que sentí fue evidente? ¿O en realidad había mejorado y seguía encarnado? Un agradable caballero en la cama de al lado me sonrió y me dijo:

– Se te ve feliz, amigo. ¿Cómo estás?

– Sí, me siento mejor, gracias.

Se mantuvo en silencio, pensé que lo mejor era callar y esperar el desarrollo de los acontecimientos. Eché un buen vistazo a la habitación, de punta a punta. Había unas veinte camas, todas ocupadas, todos hombres, y estaban en silencio; algunos dormían, otros leían, pero todos parecían tranquilos, no sufrían.

–¡Estoy entre convalecientes! – Exclamé en voz baja.

Seguí examinando la habitación. Jarrones con plantas adornaban las esquinas, junto a las camas había una pequeña mesa y una silla. Sobre la mesa, un jarrón con agua, un vaso y un pequeño jarrón con flores. No había nada en las paredes, ni cuadros ni crucifijos.

Entró un enfermero amable y sonriente. Fue a todas las camas, preguntando cómo estaban los pacientes. Entonces se acercó a mí.

–¡Hola, Sr. Felisberto! ¿Cómo está usted? Veo que se ha levantado satisfecho. ¿Puedo ofrecerle algo?

Sonreí y pensé:

– "¿Pregunto o no pregunto si he desencarnado? Si estoy en el hospital de la Tierra, pensarán que también he enfermado de la mente." Decidí responder solo a lo que se me preguntó.

– Estoy bien. Estoy feliz de verdad. Parece que he mejorado mucho. No quiero nada, gracias.

– Puede llamarme si me necesita. Me llamo Leonel.

Allí se dirigió a otra cama. "Bueno, pensé, vamos a esperar. Si he desencarnado, pronto recibiré visitas de mis amigos desencarnados. Hay muchos de ellos." Los conocía porque era vidente, veía espíritus y hablaba con ellos. Estaban Miguel, un compañero de muchos años, Samuel, José, Francisca.

También estaba María, mi compañera de tanto tiempo, querida esposa, que se desencarnó años antes.

– Bueno, si he desencarnado, vendrán a verme.

Esperé y nada. El sueño apareció y volví a dormir. Me desperté. ¡Ah, qué bonito! No hay dolor, me sentía tan bien que mi voluntad era levantarme y buscar algo que hacer.

– ¡Hola, Sr. Felisberto! – dijo el enfermero sonriendo.

– Visitas para usted, señor.

– ¿Visitas? ¿Hora de visita?

– Sí.

– "Es ahora cuando descubro si he desencarnado o no. Porque si sigo encarnado, veré a mis hijos, nietos o bisnietos."

Esperé con expectación. No pude evitar hablar cuando los vi.

– ¡Francisca! ¡José! ¡Samuel!

Había otra persona detrás, pero no pude saber quién era. Mi alegría fue inmensa cuando los vi.

– He desencarnado, ¡Dios mío, qué bien! ¡Qué maravilla!

Lloré de emoción. No es que no me guste vivir encarnado. La vida para mí siempre fue hermosa. Estaba satisfecho conmigo mismo. He vivido bien y para el bien. Pero, ya viejo, cansado y enfermo me estaba convirtiendo en un peso para los familiares. Ni siquiera trabajando en la Asociación Espírita pude, así como tampoco pude atender a las personas que me buscaban en casa cada día, para escuchar un consejo, pedir oraciones, recibir un pase. Hay que saber el momento de abandonar el barco, solía decir. Ahora, desencarnado, me curaría, volvería a la actividad y aprendería. En lugar de abrazar a mis amigos de años, me limpié las lágrimas, los miré y agradecí a Dios con el pensamiento:

– "Gracias, Padre mío, por estar bien y entre amigos. Estoy agradecido, eternamente agradecido."

– ¿Estás bien? – Preguntó Francisca. ¿Por qué no te levantas?

– ¿Puedo?

– Por supuesto – dijo José.

Me encontré con un pijama que no era mío, o mejor dicho, que no había sido mío cuando encarné. Era un paño adecuado del hospital de la Colonia. Era de tela gruesa y blanca, que cubría todas mis piernas y brazos. Me senté en la cama y me levanté.

– ¡Amigos! Es un placer estar con ustedes. Abrí los brazos, abracé y me abrazaron.

– ¡Felisberto, viejo!

Me detuve al escuchar esta frase. Tenía miedo incluso de mirar de dónde venía. Miré, mi corazón latía con fuerza, estaba muy conmovido.

– ¡Mi María! – Exclamé.

Me giré, abrí los brazos y recibí el abrazo de este espíritu que había estado trabajando y animándome durante años. Lloramos. Cuando estaba encarnado siempre veía a María desencarnada, que amablemente iba a visitarme. Pero ahora era diferente, en el mismo plano, podía sentirla, abrazarla con todo el anhelo acumulado.

– ¡Qué bien te ves! – Le dije.

María iba bien vestida, con un sencillo, pero bonito vestido azul claro con estampado de flores, y llevaba el pelo peinado como en sus tiempos de juventud. Sus dientes eran perfectos y sonreía con encanto.

– ¡María! ¡María! ¿Cómo no iba a llorar de felicidad? – Pero me separé de mis amigos, me senté en mi cama y agradecí en voz alta a Aquel a quien le debía todo.

– Oh, Dios, Padre nuestro, has sido demasiado misericordioso conmigo. Desencarné y me ayudaron. Estoy bien y feliz. ¡Gracias! ¡Mil veces gracias!

Volví con mis amigos, que me miraron sonriendo. Tenía mucho que hablar con ellos. Francisca, conociéndome bien, dijo:

– Puedes hacer preguntas. Pide lo que quieras.

– ¿Cuándo desencarné? ¿Dónde estoy?

– Desencarnaste hace doce horas. Tu cuerpo está siendo velado por amigos y familiares. Recibe muchas oraciones en una cariñosa muestra de gratitud. ¿Te gustaría ver?

Pensé por un momento. "Tonterías, no quiero ver nada. Mi cuerpo, este bendito vehículo, se va a la tierra, fue útil, pero ya no lo es. Lo que importa es lo que soy, un espíritu, y ahora debo vivir como tal. Ver un velorio siempre es triste y aburrido, más aun el mío."

– No quiero ver nada, Francisca.

– Bueno – continuó esta amiga –, estás en la Colonia San Sebastián, en el plano espiritual de la ciudad donde vivías hasta hace unas horas. Estás muy bien. Has venido al hospital y está aquí en una enfermería, porque no estará mucho tiempo. Pronto estarás con nosotros. Ahora es mejor descansar.

– ¿A dónde iré? – Pregunté.

– A nuestra casa, dijo María, feliz. Felisberto, vivo en el Educandário de los niños, en la parte de la Colonia donde están los niños que desencarnan. Sabes que me ocupo de ellos. Tengo mi pequeño rincón allí. Pero, para estar con ustedes, vine temporalmente a una casa en el ala residencial donde están otros amigos. Te gustará.

– Sí, por supuesto que lo hará. Pero aclara una curiosidad. ¿Es así en los libros? ¿Como me dijiste?

Pregunté y pensé: casi no leía, podía leer muy poco y casi siempre no podía leer un libro entero, porque no tenía una lectura actual y no podía entender. De los libros, había escuchado más los comentarios. Era inteligente, solo que me faltaba estudio, educación. Fue Samuel quien respondió.

– Sí, solo que es aun más hermoso.

– Verás todo.

– ¿Dónde está Miguel? – Pregunté.

– A su ritmo – respondió José –. Este amigo vigila el lugar para que todo vaya bien.

Lo entendí. Miguel estaba de guardia para que los hermanos ignorantes no perturbaran mi funeral.

– ¿Estos amigos de María que viven en la casa son ustedes? – Quería saber.

– Desgraciadamente no – respondió José. Vivimos, o mejor dicho, nos quedamos más en el Centro Espírita. Y ahora nos necesitan allí mucho más. Los amigos son otros, a los que les gustarás mucho.

– Puedo pedir un favor – le dije.

– Seguro, dijeron.

– Tú te encargas de Santiago. El pobrecito debe estar sintiendo mi desencarnación.

– Está bien, no te preocupes – dijo María– . Santiago es el más joven. Nuestro hijo adoptivo.

– Ahora descansa, dijo Samuel. Volveremos a nuestros deberes, pero nos veremos de nuevo.

Salieron de la habitación. Me acomodé en la cama. Me sentí muy feliz, tanto que quise salir volando gritando.

El caballero de la cama de al lado, el que ya me había hablado, se había girado en la cama a mi lado y observaba en silencio los últimos acontecimientos. Ahora, al verme solo, riendo y feliz, no pudo soportarlo y habló:

– ¿Todo esto solo porque desencarnó?

– ¿Es demasiado poco? ¡Me siento tan bien! ¿No se sintió así cuando desencarnó? Porque sabe que ha desencarnado, ¿no?

Pregunté un poco preocupado... Vamos, si no lo sabía.

– Lo sé, respondió. Ha pasado un tiempo. Hace años que fallecí. Yo estaba en peores condiciones y estaba en otra sala. Porque ésta es para los convalecientes, casi buenos, o buenos – dijo, mirándome. Tras una pausa, continuó:

– No me gustó nada la noticia. Echo de menos todo, mi casa, mi familia y mis amigos.

– Bueno, uno no llora sobre la leche derramada, dijo. También tenía un hogar, familia y amigos en la Tierra. A la familia la tienes siempre, allí y aquí, y a los amigos debes mantener los que tienes y hacer siempre otros nuevos. Los que se quedaron allí, los amigos encarnados, sé que podré verlos y un día estaremos juntos. Aquí todo el mundo es bueno y uno hace amigos fácilmente.

– Desde que hiciste amigos aquí también y antes de venir. ¿Cómo?

– Bueno...

En ese momento no sabía qué decir, pensé por un momento hasta encontrar una respuesta.

– Es porque, al encarnar, aprendí a hacer el bien, y estos amigos me ayudaron.

Me reí de nuevo. No podía dejar de sonreír. El señor vecino de cabecera me miró, se quedó mirando, y luego se volvió.

– Bueno, pensé, debo ser obediente. Me han dicho que descanse, aunque no estoy cansado, creo que debería dormir.

– He dormido bien y me he levantado con ganas. Me lo dijo mi vecino de al lado.

– Ha dormido ocho horas. Usted ronca. Incluso durmiendo es feliz.

– ¿Puedo levantarme? – Pregunté.

– Cuando venga el enfermero Leonel usted pregunta.

De hecho, poco después, el solícito enfermero vino a verme.

– ¿Está usted bien, Sr. Felisberto?

– Sí, gracias. ¿Puedo levantarme?

– Por supuesto, si quiere ir al baño está allí, en esa puerta.

– ¿Ir al baño?

– Bueno, es posible que quiera desinfectarse.

– ¿Baño?

– ¿Por qué no?

Me reí a carcajadas. Al ver que todos en la enfermería me miraban, fruncí el ceño.

– Lo siento, ha dicho. Pensé que me vería privado de todas las costumbres terrenales. Me preparé para ello.

– ¡Eso es genial! Pero los reflejos del cuerpo nos acompañan con la desencarnación. Tenemos que aprender a vivir como un desencarnado. Haga lo que quiera. Pero póngase cómodo.

Me levanté y miré a la ventana. Tal y como esperaba, había un hermoso jardín con preciosas y fragantes flores. Di un largo suspiro y luego me di cuenta que estaba respirando. Qué bonito es respirar tan libre y tranquilo. Porque durante años y años tuve bronquitis. Admiré el jardín durante minutos. Entonces miré el cielo, sin nubes, de un azul maravilloso que me encantó. Entonces volví a la habitación y allí estaba mi vecino observándome.

Pensé: "Me pregunto por qué me mira tanto." Quería preguntarle pero me limité a sonreírle. Al darse cuenta que noté que me miraba, habló:

– Sr. Felisberto, le miro porque, en todos estos años aquí, nunca he visto a alguien tan bien y feliz nada más por desencarnar.

– ¡Soy espírita! Y el Espiritismo nos da la certeza de la vida después de la muerte y de cómo es. Nada es nuevo para mí. Esperaba encontrar esto.

– Es... ¿Espírita? He oído hablar de ello.

– ¿Tenía usted una religión cuando encarnó?

– Sí, pero no he profundizado en ello.

– Has perdido tu oportunidad, has dicho. Todas las religiones son buenas si se practican.

Decidí pasar por la enfermería. El suelo es de goma de color marrón claro y las paredes también son de color azul claro. Los internos, algunos dormían, otros charlaban en voz baja con sus vecinos de cama y algunos leían sentados en sillas. Les saludé con una sonrisa y ellos también me sonrieron. Pensé en lo bueno que sería leer. Pero, si Dios quiere, pronto estaré leyendo también. Curioso, fui al baño.

– ¡Qué hermoso baño! – Exclamé.

Encarnado, no era pobre. Porque, para mí, pobre era el que no tenía nada. La casa en la que vivía era mía, pero era sencilla, muy sencilla, y ese baño parecía un plató de cine. No era lujoso pero era hermoso. Miré todo, realmente todo. Estaba alicatado hasta el techo. Era de color azul claro con piezas de un tono azul más fuerte. Tenía una ducha, un inodoro y un lavabo grande y bonito. Dos jarrones con flores lo adornaban. Una estaba colgada en un rincón y la otra encima del fregadero. Todo estaba limpio y perfumado. En el techo transparente había un hermoso globo con varias lámparas. Después de observar todo, volví a la enfermería.

– ¡Felisberto, viejo! He venido a llevarte de paseo.

María entró en la enfermería toda risueña.

– Toma esta ropa y cámbiate, continuó diciendo. No querrás pasearte en pijama. Ve al baño y cámbiate de ropa.

Tomé el envoltorio que tenía en sus manos y me dirigí al baño. ¡Sorpresa! Ahí estaba mi traje favorito. Pantalones marrones y una camisa a cuadros de manga larga en marrón y blanco. Solo materialmente este conjunto era viejo. Allí no, era nuevo. Me conmovió hasta las lágrimas semejante demostración de afecto. Sabía que los amigos habían moldeado ese traje solo para complacerme. En el cuarto de baño, encima del lavabo, había un espejo, donde me miré. Lo que vi me dejó satisfecho. Estaba curado, la expresión enfermiza que había tenido meses atrás había desaparecido. Volví con mi compañera. Dejamos el pijama sobre la cama.

– ¡Oh, viejo, qué feliz soy de verte bien! – Exclamó María.

– Ven por aquí. Vamos al jardín – Dije, señalando la puerta. Pasamos por un pasillo limpio, con muchas macetas y muchas otras puertas que conducen a las habitaciones de otros pabellones. Llegamos a otra puerta y a través de ella llegamos al jardín.

– ¡Qué bonito!

– Siempre te han gustado los jardines y siempre, cuando ves uno, dices esto – dijo María sonriendo.

Pero el jardín, aunque similar a muchos de la Tierra, tiene algo diferente. Pronto comprendí la diferencia. Las flores están más vivas, más sanas y no se marchitan. Todo el mundo respeta las plantas y las flores. En medio de los parterres, pasarelas de cemento[1] para que la gente pueda caminar por ese rincón. Hay árboles grandes, pequeños, algunos con flores, otros frutales, cargados de fruta. Hay cocoteros de varias especies. El césped está cortado. Siempre me han gustado las plantas, muchas de las cuales no conocía. Flores de diversos colores y formas que lo maravillan todo. Muchas personas, internas del hospital, paseaban por sus avenidas o se sentaban en sus bancos, marrones y cómodos, y hablaban animadamente.

– Aquí es más bonito porque los fluidos son buenos – explicó María –. Felisberto, me alegro mucho que estemos juntos de nuevo. Sabía que esto iba a suceder, pero ahora estoy muy feliz.

---

[1] N.A.E. – Aquí un jardín difiere de otro. En muchos, esta pasarela es de mosaicos de colores, en otros estos azulejos forman bellos grabados.

Me pellizqué el brazo y luego me acaricié la mejilla.

– ¿Qué es viejo? – María me miró preocupada.

– Quiero estar seguro que no estoy soñando. Me reí alegremente, encantado con el desencanto.

II.– Aprendiendo

– ¡Hey, ustedes dos! ¡Los estaba buscando!

– Hola Samuel, respondí.

– He venido a llevarte a la casa donde tú, Felisberto, te vas a quedar un tiempo. ¿Podemos irnos ya?

Pensé: "¿Llevaré algo?"

– No, ni siquiera el pijama que llevaba puesto, estos son de la enfermería, respondió Samuel, leyendo ciertamente mis pensamientos. Lo que necesita lo tiene allí en su nuevo hogar.

– ¿Puedo ir a despedirme de mi vecino de cama?

– Por supuesto – dijo mi amigo.

Los tres volvimos a la enfermería.

– Ya me voy – , le dije a mi vecino –. Solo he vuelto para despedirme de ti. Adiós.

– ¿Ya te vas? ¿Ir a dónde?

– Voy a vivir en una casa en la parte residencial – respondí –. Quédese con Dios.

– Gracias. He estado pensando y he llegado a la conclusión que quiero ser espírita. ¿Me pregunto si puedo?

Miré a Samuel y le pregunté con la mirada. No sabía qué responder y casi dije "no lo sé."– Mi amigo respondió pacientemente:

– Puede leer los libros espiritistas que hay en la biblioteca y siempre encontrará a alguien dispuesto a responder a sus preguntas. En el plano espiritual respetamos todos los credos. Aquí cada uno tiene la religión que quiere. Pero, tras la muerte del cuerpo, con la desencarnación existe la certeza de muchos acontecimientos como la continuación de la vida. Entonces, muchos se dirigen a aquel en el que destaca la fraternidad, que revive el cristianismo puro y, en consecuencia, acuden al Espiritismo.

El caballero quedó satisfecho y me dio las gracias. Despidiéndonos de todos, nos fuimos. Mientras estábamos frente al hospital, no pude evitar detenerme a contemplar la belleza del edificio. Es de tres plantas, de color beige claro con detalles blancos, todo ello rodeado de árboles en flor y parterres. Las ventanas son grandes, todo está muy bien cuidado, como si fuera nuevo, recién construido. Aquí nada envejece, todo se sostiene gracias a la mente de sus constructores. Es grande, muy grande. Aunque la Colonia es de tamaño medio, el hospital es enorme, como los grandes de la

Tierra. Muchos enfermos desencarnados tienen que ir allí para recuperarse.

– Tú, amigo mío, estuviste aquí poco tiempo – explicó Samuel –. Tu cuerpo estaba enfermo, pero tu espíritu estaba sano. La mayoría de los internos tardan meses o años en recuperarse. Vamos.

Acepté y comenzamos a caminar. En el camino parecía un niño encantado con lo que veía, estaba asombrado con tanta belleza. Aquí todo es más bonito. El cielo es del más bello azul, las calles están limpias, arboladas, la gente es feliz, ríen y se saluda con cariño. Las calles siempre están ocupadas, la mayoría iba o volvía del trabajo. Las calles están pavimentadas. Pregunté cuando los vi:

– Samuel, ¿de qué está hecho este pavimento?

Porque la calle es lisa, sin ondulaciones, de color gris claro, aunque este color es variado, luego vi calles azules, marrón claro, etc. Pero Samuel me respondió iluminándome:

– El material es diferente, es una combinación de materiales plasmados. Para que lo entienda, es casi lo mismo que el cemento para los encarnados.

– ¿Es resistente? – Volví a preguntar.

– Sí, no se estropea. Aquí no hay transportes pesados.

– En toda la Colonia se construye, hay muchos jardines y edificios armoniosos. En algunos lugares hay puntos para los aerobuses y, en estos hitos, pequeños puestos, siempre hay un panel y unos carteles informativos con días y horarios de conferencias, teatro y de algunas actividades de la Colonia. No hay suciedad en las calles, me han gustado.

– ¡Ya está aquí!

María me mostró una casa muy bonita, rodeada de un jardín con muchas flores. Entramos. La limpieza era notable, todo estaba muy limpio.

– ¡Bienvenido, amigo!

– ¡Dijalma! ¡Estás por aquí!

Era un conocido mío. Cuando encarnó no era espírita, pero era una persona muy buena. Había fallecido hace algún tiempo.

– Vivo aquí. Es un gran placer tenerle con nosotros. Tenías razón en lo que me dijiste sobre la muerte, todo es como me dijiste.

Sonreí, sin respuesta. Otros residentes, seis en total, me saludaron dándome la bienvenida. Entonces fui a ver la casa. Tiene un área muy grande que casi la rodea. En esta zona, que da al jardín, hay sillas y bancos donde los residentes suelen quedarse a charlar. Esta es una zona muy agradable. El jardín la rodea, mejor decir que la casa está en medio del jardín. Por dentro, no difiere mucho de las casas de los encarnados. Casa de gente de clase media. Esta tiene dos habitaciones, sin mucho ornamento y objetos superfluos; le dan un toque especial muchos jarrones con flores y algunos cuadros en las paredes. En las habitaciones hay mesas, sillas y sofás. Mi habitación está al lado de la de María. Hay una cama, un pequeño armario, una mesa y una silla. El armario estaba vacío y se quedaría así, porque no me cambiaría de ropa, ese estaba bien. En el dormitorio, una puerta conducía a un bonito y sencillo baño.

No todas las salas son iguales, esta que describo es para los recién llegados. Para los que ya se han adaptado, los que ya han aprendido a vivir como desencarnados, las habitaciones son una sola, sin baño, no hay cama sino un sofá u otro objeto de preferencia. Algunas personas tienen estanterías, escritorios e instrumentos musicales en lugar de un armario. La habitación se convierte en un rincón privado.

– ¡Me gusta todo! ¡Es hermoso! – Exclamé.

– Felisberto ven y come algo de fruta.

– No quiero comer. ¡No lo necesito!

– No dejas aquí los hábitos que tenías cuando encarnaste sin aprender a vivir sin ellos – explicó Samuel. Todo tiene su momento, poco a poco dejarás de comer y de dormir.

– Si no me alimento, ¿qué pasa?

– Nada. – Pero lo echarás de menos y te morirás de hambre. No volverá a morir, pero sentirás los efectos de estar sin comida. Te sentirás débil.

Las frutas eran hermosas, tomé una, una muy sabrosa. Me comí tres.

Samuel se despidió. María me llamó para ir al jardín. Nos sentamos en una banca y vi que tenía un libro en las manos.

– Felisberto, ¡mira esto! Abrió el libro y empezó a leer.

– ¡María!

– Aprendí a leer. ¿No es maravilloso?

Era una buena lectora. Cuando estaba encarnada solo podía escribir su nombre. Orgullosa de sus proezas, explicó:

– Fui a la escuela aquí. También puedes ir.

– ¡Bueno, eso es genial! ¡Claro que quiero ir!

Poco después, los residentes de la casa se unieron a nosotros en una agradable conversación. Todos fueron muy amables y trataron de complacerme. Cuando oscureció me fui a dormir. Mi sueño fue tranquilo y agradable. Me levanté temprano. María me estaba esperando.

– Felisberto, voy a llevarte a ver la escuela. Te inscribiremos. Hoy empezará los cursos de volitación y nutrición, donde aprenderá a nutrirse. Volitarás y no te alimentarás más, también aprenderás a limpiarte. Así, tu ropa estará siempre limpia, nueva y bonita.

Nos fuimos. La escuela es grande y muy bonita. Desde la entrada no se podía ver la parte trasera de la escuela, algunas partes tenían tres pisos, otras dos. Hemos concertado una cita para los cursos de volitación y nutrición. La parte de la escuela donde hay cursos de alfabetización es encantadora. Fuimos muy bien recibidos por la consejera, que me explicó que el curso escolar ya había comenzado, pero que si quería podía asistir a las clases.

– Está bien, iré a la escuela. Es una gran alegría estar inscrito en una escuela...

No tuve la oportunidad, encarnado, de aprender. Viví mucho tiempo en el campo y luego en la ciudad tuve clases para adultos. Pero acabé por no ir, sabía leer y escribir un poco, pero sabía. No fui a la escuela de adultos porque a veces pensaba que era viejo, a veces pensaba que tendría dificultades para aprender. A veces mi trabajo era muy duro y siempre estaba cansado. Retirado, tenía las reuniones en el Centro Espírita por la noche y así pasaba el tiempo. Pero, ahora, era diferente, sabía que iba a aprender, quería estar educado.

Después de inscribirme fui a ver toda la escuela, mientras no podía esperar a empezar mi primera clase de volitación. ¡Cuántas aulas hay! Lo bien distribuido y limpio que está. Sus pasillos están bien iluminados y hay hermosas pinturas en las paredes. En su mayoría son imágenes de otras escuelas en el plano espiritual. También hay muchos jarrones con flores decorando las aulas. En esta escuela hay muchos cursos. La biblioteca es grande y tiene muchos libros, con muchos estudiantes siempre investigando y leyendo.

– Voy a leerlos– dije – ¡Oh, sí, lo haré!

La escuela es realmente encantadora. Luego fui a mi clase que iba a ser en uno de los patios. Los patios son maravillosos, rodeados de vallas de flores. Hay patios con césped y otros con azulejos que forman hermosos diseños.

– Entonces, Sr. Felisberto, ¿listo para la clase? – Preguntó mi instructor después de presentarse.

– Primero da el impulso y se desliza hacia fuera.

– ¿Qué? ¿Cómo es?

– Hágalo así y salga volitando.

El profesor repitió, al ver que no entendía la difícil verborrea. Sabía cómo volitar, cuando estaba encarnado salía mucho de mi cuerpo mientras dormía. Pero aquí hay que hacerlo exactamente. Fue fácil. En unas pocas lecciones terminé el curso. Aprendí todas las reglas y todos los modos de volitación, lentos, rápidos, horizontales y verticales. Volar despacio es muy agradable, se vuela y se ve el paisaje y casi siempre se conversa si se está acompañado. Rápido o veloz es como pensar, quieres estar en un lugar y estás allí en minutos.

El curso de nutrición, me llevó dos meses terminarlo. Me había metido en la cabeza que no quería alimentarme y esto me facilitó el aprendizaje. Aunque la comida aquí es ligera, sabrosa, a base de zumos, caldos de frutas y verduras. El agua, el gran alimento de aquí, la bebía con más gusto, pero también dejé de beberla y, poco después de terminar el curso, ya no la bebí más. Cuando aprendí a nutrirme de los fluidos de la naturaleza, también aprendí a dar forma a mi limpieza. Ya no me afeitaba y siempre parecía que me acababan de afeitar. Cuando estábamos encarnamos, tanto yo como María llevábamos dentadura postiza. Fue una alegría volver a tener mis dientes, todos sanos y bonitos. Además, debido a mi edad, no podía ver bien. Ahora podía ver perfectamente y sin gafas. Con todos estos detalles y saludable, parecía más joven. La edad no era importante para mí, sino la salud.

Empecé a asistir a las clases y, con la ayuda de amigos y residentes de la casa, acabé yendo con la clase. Todos los días alguien me enseñaba, y esto se hacía con gusto. Uno me tomaba la lección, otro me dictaba, otro corregía mi lectura.

Encarnado solía leer mucho *"El Evangelio según el Espiritismo"*, y después de leerlo mucho incluso lo hice correctamente. Pero los otros libros de Allan Kardec no pude asimilarlos. Ahora los leo y los entiendo. ¡Qué gran placer! Puse fin a mi deseo de leerlos, incluso les decía a mis amigos que estaban orgullosos:

– Estoy leyendo *"La Génesis."* Acabo de terminar de leer *"El Cielo y el Infierno."*

Y hay más: lo que no entendía se lo pregunté a mi profesor de moral cristiana. Me respondió con amabilidad.

Para mi confirmación, le pedí a María.

– ¿Y mi primera compañera? Estaba casado con María en segundas nupcias. Mi primera esposa falleció hace mucho tiempo.

– Como sabemos, se ha reencarnado, es una de tus nietas, está muy bien[2].

Pero volvamos a los primeros días de la desencarnación. Las visitas comenzaron y fueron muchas. Un día, al volver de la clase de volitación,

---

[2] N.A.E. Cuando estaba encarnado, los amigos desencarnados, mis compañeros de trabajo, me lo comunicaron.

María me estaba esperando en la puerta. Como decoración, nuestra casa estaba rodeada de pequeñas plantas de unos sesenta centímetros de altura. Y había una pasarela de mosaico gris claro por la que pasamos para llegar a la casa, y al principio de esta pasarela había una pequeña puerta dorada que no estaba cerrada.

– Felisberto, hay una gran sorpresa para ti. Entré y vi a unas veinte personas esperándome en la sala.

– ¡Hola, Sr. Felisberto! ¡Bravo!

Me fijé bien en ellos, a algunos los conocía solo de vista. Sonreí avergonzado y no dije nada. Abrazos. Mis mejores deseos, felicitaciones por haber regresado victorioso a la patria espiritual. Pensé que victorioso era una palabra fuerte. Imagínese, no me sentía tan importante, pero siempre respondía con:

– ¡Gracias! ¡Gracias!

Dijo un caballero, mirándome con cariño:

– El Sr. Felisberto me ayudó mucho. Estuve vagando durante años y fue él con su amabilidad quien me guio. Es cierto que los desencarnados que trabajaron juntos participaron. Ya les he dado las gracias. También en ese momento, debido a mis bajas vibraciones, no podía ver a los buenos desencarnados, solo veía a los encarnados. Me hablaste con tanto cariño, que lo entendí todo, vine a la Colonia y hoy estoy bien y puedo ayudar.

– Me prestaste tu cuerpo para que pudiera entender la diferencia entre una persona encarnada y yo mismo que estaba desencarnado, y así comprender mi estado, dijo otro hombre. Este préstamo no puede ser devuelto, pero fue demasiado para mí. He sufrido mucho y con sus fluidos me he recuperado. Le debo mucho.

– Yo, dijo una señora, estoy muy agradecida. En tiempos difíciles, mis hijos y yo pasamos hambre; fuiste tú con tu generosidad, aunque no eras rico, quien nos ayudó y con tu bondad pude alimentar a mis hijos.

Otra señora que conocía dijo con lágrimas en los ojos:

– Estaba muy enferma y tenía un hijo recién nacido y usted lo crio como si fuera suyo. Porque fui incapaz de criarlo. Usted lo amó e hizo de él un buen hombre. Gracias, mil veces, gracias.

Al verme totalmente fuera de sí, María se acercó a mí y me dijo en voz baja.

– Viejo, ¿recuerdas la parábola de los diez leprosos? Uno volvió a dar las gracias y Jesús aceptó su agradecimiento, porque sabía que la gratitud es un signo de amor.

Respiré profundamente, todos me miraron esperando que dijera algo. Los miré y sentí que los quería y finalmente dije:

– Lo siento si no los recuerdo a todos. No es gran cosa, pero si dicen que lo hice, fue por amor a Jesús y ahora entiendo que también fue por amor a cada uno de ustedes, el amor de un querido hermano. No hace falta que me lo agradezca. Y... me puse a llorar. ¿Cómo no llorar? Sentí la vibración cariñosa de cada uno. María tenía razón, la gratitud es un signo de amor.

– Bueno, bueno, dijo un joven. No llore. ¡Hemos venido a celebrar!

– Tienes razón – dije. Sonriamos. Sonrió y lloró.

Y cada día ese puñado de visitantes. Muchos traían regalos, eran horas extras para que pudiera ir a lugares de ocio, como el teatro, a las salas de vídeo y para algunas salidas especiales por la Colonia. Eran libros, flores, dulces, etc. Intenté acostumbrarme a las visitas y ser amable. Pensé bien y llegué a la conclusión que si yo estuviera en su lugar, si estuviera deambulando y me ayudaran, también estaría agradecido a Dios, a los espíritus buenos, a todos los que me ayudaran. Yo cortaría suavemente algunos agradecimientos excesivos. Pero los recibí sonriendo y siempre hablando.

– A Dios, a Jesús, a todos los Espíritus que trabajan por el Bien, debemos estas gracias. Después de un tiempo, estas visitas se hicieron cada vez más escasas, pero siempre estaba escuchando cuando iba por la Colonia.

– ¡Hey, Sr. Felisberto! ¿Cómo está usted?

– ¡Señor Felisberto, mi querido amigo!

Eran demostraciones de afecto de muchas personas que no conocía, pero que se acordaban de mí. Al principio me avergoncé, luego respondí con alegría.

– ¡Oye, amigo! ¿Cómo le va?

– ¿Cómo estás, amigo?

Cuando salía a pasear por la Colonia siempre tenía a alguien que me acompañaba y me explicaba las maravillas que veía con tanto encanto.

– Aquí está el depósito de agua. Aquí se abastece toda la Colonia.

Samuel me dijo felizmente. El agua brota de unas piedras y forma un maravilloso lago, rodeado de frondosos árboles. A su alrededor hay muchas bancas y se realizan muchos paseos entre los árboles. El agua es cristalina y azulada.

Fui a verlo y di un paseo en aerobús. Desde el exterior es una mezcla de tren y autobús, moderno, bonito y elegante. Yo estaba un poco sospechoso. En el interior, sus asientos son cómodos, de color beige, con respaldos móviles. Me senté y cogí la mano de María, que sonrió divertida ante mi cisma. Me dio un escalofrío en el estómago cuando empezó a moverse. A veces camina por encima de la calle, otras veces se eleva por metros como un avión en vuelo rasante. Se desliza tan suavemente que no se siente ningún movimiento brusco. Me gustó tanto que andamos mucho.

– ¿Bajamos, viejo?

– Por favor, quedémonos un poco más.

Miré por la ventana, encantado. El aerobús se utiliza en Colonia como medio de transporte. La gente lo utiliza para ir del trabajo a casa y viceversa. También hay quienes, durante su tiempo de ocio, lo utilizan para hacer turismo. He montado en el aerobús. Me ha gustado mucho.

La primera vez que utilicé un aerobús para un viaje fue cuando el grupo de coros en el que participaba viajó a otra Colonia. Viajar así es rápido, apenas se ve el paisaje.

No se siente la conducción de un lado a otro. Hay tres tamaños de aerobuses, que se utilizan según el número de pasajeros. Hay aerobuses pequeños, medianos y grandes. Siempre tienen el lugar de origen en la parte delantera, en la parte superior. Además, son seguros y no se producen accidentes. Pero, por curiosidad, le pregunté a un hombre que viajaba a mi lado.

– Y si se golpean, ¿qué pasa?

– En primer lugar, es difícil ese tipo de imprudencia. En segundo lugar, si esto ocurre, hay un campo magnético que le rodea, es este campo el que golpea, no pasa nada.

– Es más, todos ya estamos desencarnados.

Me reí, vi que mi amigo que me iluminaba no se reía, me disculpé por el comentario tonto. Mis amigos tenían razón, cuando desencarnamos los acontecimientos ordinarios de la Tierra siguen siendo fuertes en nosotros.

– Se escucha música en esta plaza.

María habló mostrándome una majestuosa plaza con muchas flores y bancos.

Llegué a conocer toda la Colonia en pocos días. Hablando de música, me gustaba la música *sertaneja*. Gané como regalo un aparato con muchos discos y cintas, similar a los que tienen los encarnados para escuchar música. Quedé encantado con la música de aquí. Puse este aparato en mi habitación y allí escuché hermosas melodías. En cuanto a la escucha, también fui un poco deficiente en esta parte cuando me encarné. Aquí pronto empecé a oír muy bien. A medida que nos recuperamos de la enfermedad, también nos recuperamos de todas las carencias.

Pensaba que dormir era una pérdida de tiempo, pero al principio el sueño llegó de verdad. Pero lo dejé pasar lentamente. Hasta que empecé a no dormir más.

– Felisberto, he venido a hacerte una invitación – dijo Miguel –. Hoy es el día de la reunión de nuestro grupo en el Centro Espírita, ¿no quieres ir?

– ¿Cómo voy a ir?

– Vienes conmigo.

– ¡Claro que quiero!

Y nos fuimos. Es interesante estar cerca de un encarnado. La impresión que tuve fue que era un humo con forma y el encarnado algo pesado. Pero, volver a ver a los amigos siempre es agradecido para el corazón. He rezado por ellos. Al comenzar la reunión se hizo la lectura del Evangelio y luego la oración. Lloré de emoción.

– Ahora vamos, Felisberto – dijo Miguel –. Otro día te quedarás hasta el final. Ahora vamos a visitar a tus hijos.

¡Los hijos son hijos! ¡Qué amor sentimos por ellos! Y para los nietos entonces. Incluso tenía bisnietos. En visitas rápidas fui a verlos y gracias a Dios los encontré bien.

Muchas, muchas veces he vuelto a la tierra. Para venir aquí, hay que volar rápido o tomar un aerobús[3]. Al principio, Miguel me tomó de la mano para que volviera y me explicó algunos detalles más. Entonces empecé a hacer estos viajes por mi cuenta. No pude evitar preguntarle a Miguel la primera vez que volitamos:

– ¿Existe el peligro de chocar durante el vuelo?

– Eso solo ocurre si está muy distraído. Aquí debemos educar nuestra atención. Es difícil porque podemos esquivar rápidamente a otra persona que también esté volitando. Pero, si dos personas chocan por voluntad propia, hay una colisión, pero no pasa nada. En la colisión se separan. Pero por eso en las clases de volitación se aprenden todas las reglas para que esto no ocurra.

– ¿Y cómo hemos encontrado Colonia en esta inmensidad? – Quería saber.

– La Colonia se encuentra por vibración. Siempre está en el mismo lugar de la Tierra. La Colonia San Sebastián está siempre en el plano espiritual en la ciudad de São Sebastião do Paraíso. No hay error, si se sintoniza con ella te sentirá atraído. Tú que vibras de la misma manera te sientes atraído por ella. Los que vibran de forma diferente no lo encontrarán.

---

[3] N.A.E. El Aerobús es opcional, se utiliza cuando es necesario y por aquellos que no pueden volitar.

Cuando vine a visitar la Tierra, los encarnados, por primera vez, me encantó todo. Llegamos volitando rápidamente y no vi nada. A la vuelta le pedí a Miguel que volitara despacio en ciertas partes para apreciarlo. ¡Qué hermoso es ver la Tierra desde arriba! Las estrellas nos parecen más encantadoras. ¡Qué hermoso es nuestro planeta!

Pasó un mes y muy rápido. Me dediqué a estudiar, a recibir visitas y a conocer la Colonia. Esos días fueron como unas vacaciones y pensé que el resto ya era demasiado. Decidí ocuparme del jardín de la casa. Pero lo recorrí, fui a todos los parterres y no había nada que hacer. Todo era perfecto.

– Mi viejo, el jardín siempre está así, en orden. Todos los residentes la cuidan con esmero. Se formó y se mantiene gracias a las mentes de los residentes de la casa – Me dijo María.

Quería trabajar y fui al Departamento de Trabajo para pedir algo que hacer. Me contestó una señora muy amable y empecé a hablar.

– Señora, por favor, quiero trabajar.

– Su nombre completo, por favor, cuando se desencarnó, cuando fue llevado a la Colonia.

Di los datos solicitados y esperé unos minutos, entonces la chica me preguntó de nuevo:

– ¿Qué hace usted? ¿En qué quiere trabajar?

– No sé, pero haré cualquier cosa que no sea complicada.

– Señor Felisberto, usted puede hacer muchas cosas. Encarnado pasó con precisión. Consoló a muchos.

– ¿Cómo lo sabe? – Pregunté.

Entonces vi que estaba leyendo un archivo que era ciertamente mío. No respondió a mi pregunta, pero habló con una sonrisa.

– Puedo ponerte a trabajar como enfermero en el hospital, cuidarás de los enfermos, harás con ellos lo que tantas veces has hecho con los hermanos encarnados y desencarnados.

– ¿Podré hacerlo?

– Seguro, y allí encontrará a alguien que le guíe.

Empecé al día siguiente y trabajé solo dos horas. Me presenté a la hora indicada y el enfermero jefe de esa sala me recibió con cariño.

– El Sr. Felisberto puede preguntar lo que quiera. Es un placer tenerle con nosotros.

Y me explicó lo que iba a hacer. Presté atención para hacerlo todo bien. A veces me avergonzaba de mi falta de educación, por eso quería aprender tanto. No podía entender una palabra difícil, a veces no podía leer los mensajes.

¡Pero todo fue tan fácil! Mi compañero, el que trabajaba conmigo, me trató con amabilidad, ser cortés es algo que se aprende enseguida por aquí. La sala en la que trabajé era para los enfermos en estado de conciencia. Les hablé, les animé, hice lo que siempre había hecho. Les preparé en la cama, les di de comer o les ayudé a comer, me reí y todo fue bien. ¡Me sentí tan bien!

– La chica del Departamento de Trabajo tenía razón al darte este trabajo – le dije María –. ¡Es tan bueno! ¡Qué bien se trabaja! ¡Estoy tan feliz!

María, en cuanto me vio adaptado, volvió a su pequeño rincón en el Educandário. Pero nos veíamos todos los días.

Poco a poco fui aumentando mi carga de trabajo, hasta que trabajaba ocho horas al día.

Y todavía estaba encantado con la vida en el Mundo Espiritual.

III.– Recordando la vida encarnado

Poco a poco fui encajando aquí en el plano espiritual. Sano, dispuesto, todo era agradable y placentero para mí. Trabajaba ocho horas al día y estudiaba seis horas en clase, más algunas más en casa. Empecé a dormir cada vez menos, luego pasé días sin dormir, hasta que no dormí más. Tenía las veinticuatro horas diarias para realizar actividades.

Leo mucho, tanto libros instructivos como todos los libros espíritas de la biblioteca. He hablado con amigos, el tema aquí es siempre interesante y saludable. Intercambiamos noticias de amigos, de acontecimientos en la Tierra, hablamos del estudio y de la experiencia aquí y de los acontecimientos en la Colonia. Es un placer mantener conversaciones en la Colonia.

Siempre me gustó la música, mi sueño, que solo María conocía, era tocar un instrumento. Cuando me llevó al Conservatorio de Música estuve encantado. Es un edificio muy bonito, en las paredes exteriores está adornado con notas musicales de varios tamaños y colores suaves. Los parterres delante del edificio también tienen formas musicales. Me enteré que en todas las Colonias hay lugares dedicados a la música y que hay una Colonia solo para este fin junto con la pintura artística. Dentro del Conservatorio, es algo fenomenal. Hay ocho salas de conciertos, tres de las cuales son grandes. Estos salones son muy hermosos. De colores vivos, las flores adornan el lugar. Los más grandes tienen un escenario y cómodas sillas. Siempre he ido a conciertos, me maravilla la música. Y los concertistas van de una Colonia a otra brindando por los que les gusta la música. Solo en contadas ocasiones estos músicos se dedican únicamente a la música. La mayoría lo hace solo en su tiempo libre.

Tiene muchas aulas. En las paredes de todo el Conservatorio hay fotos de piezas musicales, coros, orquestas y fotos de instrumentos antiguos. En todo el invernadero se pueden ver jarrones con flores. Nos guiaba un estudiante que, como yo, era un admirador de la música. Nos lo explicó:

– Los estudiantes para aprender tienen que estudiar en el tiempo que tienen disponible para el descanso y el ocio. Trabajo diez horas al día en el hospital y tres horas las dedico a la música.

– ¿Y los que enseñan también lo hacen en su tiempo libre? – Pregunté.

– Solo el asesor del Conservatorio y dos profesores trabajan aquí a tiempo completo. Los demás profesores dedican unas horas al día y realizan otras actividades para seguir aprendiendo en otros campos. Muchas personas que se han dedicado a la música mientras estaban encarnadas continúan aquí en el plano espiritual, su amor por el arte continúa. Aquí estas personas perfeccionan y enseñan. Los que aman la música y no tuvieron, encarnadamente, oportunidades de aprender, aquí cumplen sus sueños aprendiendo.

– ¿Pueden aprender incluso los que nunca han aprendido?

– Por supuesto, el conocimiento forma parte del progreso.

– ¡Bien! Quiero aprender música. ¿Dónde me inscribo?

– Nos vemos allí.

Así que me inscribí en cursos de guitarra y violín y para aprender a cantar. Quería formar parte de un coro.

Qué satisfacción fue tener las primeras nociones. Qué alegría hacer sonidos con los instrumentos musicales. Para cada actividad había un profesor. Siempre atento, enseñando con gusto.

Fue un largo tiempo de estudio. Aprendí con alegría, me encantaba tocar en los instrumentos canciones maravillosas que los encarnados no conocen. Armoniosas, las letras hablan de alegría y optimismo. Muchos son himnos de amor, de gratitud al Creador. Hoy toco el piano, el órgano, la guitarra y formo parte de un coro. La música es divina. Estoy agradecido por haber aprendido, por seguir aprendiendo. Y todo esto lo hice en mi tiempo libre. Me han quitado todo el tiempo y eso es muy bueno.

Los estudios en la escuela, como el curso de reconocimiento del plano espiritual al que asistí para alfabetizarme, se consideran un trabajo, por el que se paga como por cualquier otro trabajo. Esto es para animar a todos a aprender. Todo se hace más fácil para el estudiante. El curso al que asistí no era solo de alfabetización, después de tres años uno tiene conocimientos de primer grado.

En la escuela, mi curso me encantó y estudié mucho.

En una clase de escritura, nos gustó mucho un trabajo que hizo Mauricio. Lo copié para mí y lo guardé. Lo transcribo ahora porque me ayudó mucho y quizás pueda ayudar a alguien más que lo lea:

"En el mundo espiritual: empezamos a ver la vida de forma diferente cuando desencarnamos. Al primer impacto, el miedo. En la Ley de la Atracción, lo semejante

atrae a lo semejante. Y como los imanes somos llevados a donde nos merecemos.

Pero dondequiera que estemos se nos da una visión de lo que hemos hecho y de lo que somos. Ya sea en medio del dolor, del odio, de la rebelión que roe sin descanso, se nos hace ver nuestros errores hasta que el arrepentimiento sincero nos abre la puerta a la ayuda.

En medio de la ayuda, el consuelo de poder reparar nuestros errores con un trabajo edificante. En medio del trabajo edificante, aprendemos a ser agradecidos.

El mundo espiritual es una continuación de la escuela de la vida. Los que quieran aprender, que aprendan. Con los ojos del espíritu se amplía nuestro conocimiento.

Una certeza que todos debemos tener: la vida sigue y continuamos a pesar de la muerte del cuerpo carnal. Esto es para muchos la maravilla del despertar. Para otros es el consuelo esperado.

A cada uno se le da lo que merece. La felicidad es para los que han amado mucho."

Mi clase fue muy agradable, realmente genial. Desde la primera clase me hice amigo de todos. Todos eran adultos y estaban allí para aprender. Éramos dieciséis estudiantes. Con damas y caballeros muy educados.

Un día, en la clase de moral cristiana, el tema fue la desencarnación y muchos fueron invitados a hablar de la suya. Llamada, narré la mía. Concluí:

– Mi desencarnación fue maravillosa. Sentí mucha paz. He dormido encarnado para despertar desencarnado.

– Felisberto, dijo el profesor, lo que ocurrió con tu desencarnación es un acontecimiento raro. Ciertamente fue una consecuencia de tu experiencia encarnado. Para que yo y los demás estudiantes podamos entender este acontecimiento que fue maravilloso para usted, díganos qué hizo cuando se encarnó para tener este mérito. Qué plantó para tener una desencarnación tan feliz como cosecha.

Prefería no hablar de lo que hacía pero, si era para que los demás lo entendieran y también porque era el profesor quien lo pedía, decidí hablar.

– Desde que era un niño, mi capacidad mediúmnica era muy fuerte. Podía ver y hablar con los espíritus. Mis padres estaban preocupados por mí y me llevaron a un curandero. Este hombre que hizo la bendición, que era un vecino porque vivía en el campo, era una persona muy buena. Y durante toda mi infancia solía ir allí a bendecir a sus amigos, y cuando era un niño me enseñó a hacer la bendición. Y empecé a hacerlo, Miguel, un amigo de una encarnación pasada, siempre estuvo conmigo. El curandero, mi amigo, enfermó y empecé a atender a la gente por él.

Pronto se desencarnó y yo ocupé su lugar.

Me casé joven y llegaron los niños. Trabajaba mucho en el campo, mi vida era difícil, pero no me quejaba; por la noche, aunque estaba cansado, siempre tenía gente a la que atender. Intuido por Miguel animaba a la gente, la aconsejaba y la bendecía como sabía hacerlo.

Quedé viudo, fue un periodo muy triste, con niños pequeños y con muchas dificultades. Conocí a María y era un buen ángel, nos casamos y me ayudó mucho, tuvimos más hijos. La gente venía desde muy lejos para que les bendijera. Estas bendiciones eran oraciones repetidas, en algunos casos con ramas de plantas. Simplemente empecé las oraciones y vi claramente los problemas a los que se enfrentaba la gente, si tenían espíritus con ellos, si la persona estaba obsesionada lo veía y a veces hablaba con ella, entonces Miguel entraba y se llevaba el espíritu.

Siempre atendía a todos los que venían a verme y recuerdo que una vez casi dejé de atenderlos. Desde que era un niño tuve bronquitis, pero nunca las tuve tan fuertes como aquella vez que tuve fiebre alta. También tenía cólicos renales y estaba postrado en la cama. Y alguien vino desde muy lejos para que les atendiera.

"Lo siento, señor, estoy demasiado enfermo para atenderle." Le dije. El hombre subió a su caballo y caminó un poco. Se me apretó el corazón, iba tan triste, estaba tan necesitado que le llamé.

"¡Señor! Vuelve, te atenderé."

Ese hombre estaba obsesionado y el espíritu vengativo y maligno se quedó conmigo. Después de bendecir a ese hombre se fue aliviado. Volví a la cama. Vi claramente a ese espíritu, que me maldijo, me amenazó, me agarró por el cuello y me asfixió aun más.

"Te enseñaré a no meterte donde no te llaman. Lo que tiene que entrometerse es mi venganza. Estás débil y enfermo, es mi turno."

Hablando con odio, pedí ayuda. "¡Miguel! ¡Miguel! ¡Jesús!"

Llamé con fe. Apareció Miguel, cogió al espíritu vengativo por el hombro y lo apartó de mí: "Está enfermo, pero es solo la cuestión, yo soy su compañero y estoy sano como tú. ¿Por qué no te enfrentas a mí?"

Esto hizo que el espíritu lo mirara.

"No, por favor, no contigo. No quiero enfrentarme a ti. ¡Suélteme! ¡Piedad! ¿Quién eres tú? ¿Eres Jesús?"

"No. Soy uno de los que trabajan en su nombre, en el nombre de Jesús. Ven conmigo y deja a mi amigo en Paz."

"Permítanme volver al otro, al de antes. Mi venganza es justa."

"Ninguna venganza es justa", dijo Miguel. "Perdona y serás feliz."

El espíritu miró bien a Miguel, pensó y dijo: "¿Puedo pensar en ello y resolverlo con calma?" "Mientras lo piensas te llevaré a un refugio donde te quedarás."

Lo tomó de la mano y no lo volví a ver. Pero Miguel no tardó en volver y esta vez trajo a Samuel. Juntos me dieron pases y me pusieron medicamentos en el agua. Dormí bien esa noche y mejoré pronto.

Una señora a la que atendí me trajo un libro como regalo. Cortésmente le dije que no aceptaba regalos. Y realmente no aceptaba. Solo más tarde llegué a saber que la mediumnidad significa que uno no debe recibir nada material. Aunque no pude evitar que, por gratitud, rezaran por mí. Y esas oraciones fueron grandes regalos. Pero esa señora me explicó, tratando de convencerme.

"Sr. Felisberto, no es un regalo por lo que recibí o por lo que usted hizo. Es un regalo de un amigo. Este libro es un Evangelio y un cristiano no debe rechazar un Evangelio. Pregunte a su espíritu guardián si puede aceptarlo.

Miguel y Samuel miraron el libro y me dijeron. "Tómalo esta vez."

Le di las gracias a la señora y en cuanto tuve tiempo me puse a leerlo. Lo leo lentamente, a veces deletreándolo. Se trataba del libro *"El Evangelio según el Espiritismo."* Quedé encantado y no dejé de leerlo y meditar sobre sus lecturas. Lo leí tanto que se convirtió en algo fácil de leer. Las explicaciones dadas sobre las enseñanzas de Jesús me llevaron a razonar y eso me gustó. Qué lecciones tan profundas hay en este libro. Fue un regalo y me ayudó e iluminó mucho. El único que gané de una persona a la que atendí, pero no me arrepentí, porque me hizo mucho bien.

"Quiero ser espírita, siempre lo he dicho. ¡Yo sí! Fue en esta religión donde me encontré."

Mis hijos mayores se casaron, yo estaba envejeciendo. Cogí el dinero que había ahorrado con mucho trabajo, compré una casita en la ciudad y nos mudamos allí. Todavía trabajaba en el campo, iba por la mañana y solo volvía por la tarde. En la ciudad busqué un Centro Espírita y me maravilló la Doctrina.

La gente de la ciudad que solía venir a mi casa en la granja pronto empezó a venir a mi casa en la ciudad como muchos otros.

Aprendí a dar pases, así que, dejé mis bendiciones para dar pases, más eficientes y correctos. Pronto empecé a trabajar con mi mediumnidad en el Centro Espírita. Al principio trabajaba con la psicofonía para que los espíritus recibieran orientaciones, con el tiempo también empecé a adoctrinar.

Iba dos veces por semana al Centro Espírita, las otras noches atendía a las personas que venían a verme, así como los domingos.

Cuando me jubilé empecé a dedicar más tiempo a ayudar a los demás. La gente acudía a mí a cualquier hora y yo les atendía con todo el cariño habitual. En realidad era todo el tiempo, al amanecer, por la mañana y por la noche.

Hubo muchos casos complicados que resolvimos, muchas ayudas dadas. Tantas obsesiones resueltas tanto para los encarnados como para los desencarnados. Porque fueron orientados en las sesiones de desobsesión en el Centro Espírita. Se orientó a mucha gente y se evitaron muchos males. Hubo tantas ayudas que necesitaría horas para narrarlas.

Me dediqué al Espiritismo con todo mi cariño y siempre trabajé, incluso cuando estaba enfermo. Y siempre conmigo mis amigos desencarnados, Miguel, Samuel y más tarde, cuando vine al Centro Espírita, Francisca. Nunca me faltó ayuda de la parte espiritual. Muchas veces, los hermanos que tenían otro camino, los que preferían seguir el mal, me atacaron, aguanté, fortaleciéndome en oraciones y buenos pensamientos y traté de ayudarlos como hermanos muy necesitados. Como también en cierta ayuda fue como meterse con una caja de avispas. Aunque tenía cuidado, siempre me daba algunas picadas. Pero estaba seguro que estaba librando a la persona de los avispas y que también estaba guiando a estas avispas para que no se hicieran daño a sí mismos ni a nadie con sus picaduras, las picaduras que tomé no fueron nada. Los recibí, pero siempre traté de evitarlos.

Fueron años, muchos años de trabajo. Trabajo material para el sostenimiento de la familia numerosa, como también trabajé espiritualmente para la familia aun más grande, que es toda la humanidad. Porque los tengo a todos como hermanos.

Solo dejé de trabajar meses antes de desencarnar, porque estaba postrado en la cama.

Terminé mi relato con una tímida sonrisa y un colega me preguntó:

– Felisberto, ¿atender a tanta gente no ha trastocado tu vida?

– Mi vida fue eso, trabajar por el bien. Era y es parte de mí. No me ha impedido en absoluto, amigo mío. Luego María, mi mujer, me ayudó mucho, le estoy tremendamente agradecido. Era espírita y trabajaba conmigo en el Centro Espírita y en casa, bendecía a los niños.

– Ayudar a tanta gente desafortunada, ¿no era también desafortunado? – Preguntó un colega.

– Siempre me han molestado las desgracias de los demás. Muchas, muchas veces lloré mucho junto a los que acudían a mí en busca de ayuda. Pero fui y soy muy feliz. El dicho es muy cierto: "el perfume de los que ofrecen flores siempre permanece en las manos." Siempre he sentido paz, alegría, en el bien que se hace.

– ¿Has hecho alguna vez el bien a una persona mala? – Preguntó Maristela, una colega.

– Sí, muchas veces – respondí.

– ¿No ha querido dejar de ayudar en estas ocasiones? – Preguntó Maristela nuevamente.

– No, siempre nos recordaba que Dios hizo el sol para los buenos y los malos, que llueve sobre todos y que somos hermanos, hijos del mismo Padre.

Por un momento hubo silencio en el aula. El profesor Nonato aclaró:

– Felisberto hizo mucho más de lo que nos dijo. Ayudó a tanta gente, encarnada y desencarnada, que su historial es enorme. Tiene razón, cada acción que hacemos, primero nos la hacemos a nosotros mismos. La buena acción da alegría y felicidad, la mala acción da insatisfacción e infelicidad. Sembró la buena hierba con tanto cariño que su desencarnación solo podía ser como era, feliz como es su espíritu, como es él.

La clase terminó con grandes lecciones para todos nosotros.

Seguí estudiando hasta que terminé el curso. Tres años de estudios que llevé a cabo con amor y dedicación. Al final fue una celebración, sentí una enorme alegría por haber recibido tantos conocimientos en ese tiempo.

Cuando terminé me sentí instruido, lo entendía todo, leía y escribí perfectamente, luego hice otro estudio. Fue el curso de Reconocimiento del Plano Espiritual. Fue maravilloso conocer todo aquí. Con la comprensión llegué a conocer lugares hermosos, muchas otras Colonias así como lugares tristes. Aprendí a desconectar a las personas que desencarnan, vi y ayudé en las reencarnaciones. Comprendí mejor la ley de causa y efecto, las obsesiones, en fin, vi un poco de todo lo que tenemos aquí. Leí mucho, releí muchas veces todos los libros de Allan Kardec y los libros espíritas que la mayoría de los encarnados tienen que leer.

Seguí viviendo en la misma casa, pero en otra habitación. Ahora era solo una habitación, que decoré a mi manera. Todo sencillo y práctico. La ventana daba a nuestro jardín, recompensándome con su agradable vista. En la ventana, una delgada y grácil cortina, tan verde claro como las paredes. Puse un sofá, una librería, un escritorio, mi piano, mi guitarra y mi equipo de música. Allí estudio la música además de escucharla. Con la puerta cerrada el sonido no sale de la habitación, así que no molesto a nadie.

Siempre hay alguien que se mueve en nuestra casa.

Algunos se reencarnan, otros se van a trabajar o a estudiar a otros lugares, y nuevos residentes vienen a llenar las vacantes. Los amigos se van y llegan nuevos amigos. Me gusta mucho mi casa.

Seguí estudiando música, terminé mi curso de guitarra y en mi tiempo libre toco para los amigos. Es muy agradable. La música me anima. Todavía estoy estudiando el piano, pero ya toco bien. Formo parte de un coro. Este coro cuenta con 150 voces. Sus presentaciones son encantadoras. Siempre, en los momentos festivos, nos presentamos cantando maravillosas canciones. Algunas de ellas son conocidas por los encarnados, otras son compuestas por compositores desencarnados. Casi siempre ensayamos en el patio del Conservatorio o Casa de la Música, como también se le conoce. Casi siempre los ensayos son nocturnos, una vez a la semana, para que todos puedan venir. Aun así, no todo el mundo está presente, así como hay ausencias en las presentaciones. Los coros como éste siempre visitan otras Colonias. Así que siempre hay coros que actúan en las Colonias, a veces en los puestos de socorro, regalando a todos una música encantadora. Disfruto mucho de esta actividad que hago en mi tiempo libre.

Trabajo catorce horas en las salas donde aprendo y aprendo, ayudando a hermanos y hermanas en estado grave. Me encanta este trabajo, me dedico con amor a cada uno de los que visito en las salas. He visto muchos hechos interesantes, porque cada uno de los enfermos tiene una historia. Sin embargo, para ser tan necesitados fueron, y a menudo siguen siendo, imprudentes quienes no han recordado la vida espiritual. De la continuación de la existencia tras la muerte del cuerpo físico. Muchos egoístas solo pensaban en sí mismos y no hacían nada bueno, ni para ellos ni para los demás. Porque podemos hacernos mucho bien a nosotros mismos cuando pensamos en hacer el bien a los demás.

También dedico muchas horas de trabajo al Centro Espírita al que acudía cuando estaba encarnado. Los días de reuniones, de sesiones, son las horas que más trabajo. Ayudo a los encarnados que van allí. Me gusta mucho ayudar a los encarnados. Como estar en el cuerpo físico no es muy fácil, las ilusiones del mundo material son muy fuertes y tentadoras.

Tengo planes de hacer algo de enfermería aquí en el plano espiritual. Aquí se pueden estudiar todos los cursos que en el plano físico son útiles. También hay otros que los encarnados no tienen y no conocen. A menudo es difícil estudiar, porque aquí se aprende mucho, pero, para los que quieren, nada es imposible, sobre todo aquí, donde todo se facilita a los estudiantes. Para estudiar los cursos que se ofrecen aquí, es necesario tener ciertos conocimientos y vocación. Me gusta curar, como lo hago yo. Pero para hacer un curso completo de enfermería, todavía tengo que estudiar mucho, pero voy despacio y siempre sirviendo.

Estudiar es aprender a servir con sabiduría. Podemos crecer y progresar espiritualmente sin estudiar, pero el conocimiento es necesario y llegamos a una etapa en la que tenemos que tener conocimientos para servir mejor. Es necesario saberlo. Entonces caminamos con más seguridad cuando sabemos el porqué de todo y hacia dónde vamos. Incluso necesitamos saberlo para leer las flechas del camino, que para mí es el Evangelio.

En una de mis visitas a la Tierra, fui a visitar a un amigo, Lúcio. Lo conocí de pequeño y como era un niño era un médium. Le di pases muchas, muchas veces. Cuando era pequeño, su madre solía llevarlo cuando estaba inquieto, en problemas o, como solía decir, "con necesidad de pases." Decían tener una religión, pero no la practicaban. Su madre, aunque lo quería mucho, no quería ir al Centro Espírita ni llevarlo. Cuando era muy joven le ocurrió un accidente del que fue víctima su hermano, que desencarnó. Fue llamado a atender y desarrollar, es decir, a aprender a manejar su mediumnidad y a hacer el bien con este don. No quería hacerlo. Algún tiempo después, un nuevo episodio le involucró, victimizando a otras dos personas en un accidente de coche que conducía. Siguió ignorando el Espiritismo. Se casó y tiene una vida de trabajo como todos los demás encarnados. Solo se acuerda de la Asociación Espírita cuando está en apuros, luego se recupera y vuelve a desaparecer. Muchas y muchas veces fue alertado del trabajo y siempre dice :

"No creo que esté preparado. No creo que sea el momento."

Lo siento. No quiere dejar los vicios, los errores que tanto le gustan en este momento, que sabe que son perjudiciales. Comprende que asistiendo a un Centro, trabajando con la mediumnidad tendrá que mejorar internamente, vibrar mejor. Y el tiempo pasa. Tal vez cuando sienta que es el momento, sea viejo y no tenga nada más que ofrecer, o llegue la desencarnación. El hecho es que ha enterrado su talento, las consecuencias de esto son para el futuro, como si el futuro no llegara.

Fui a verlo y vi lo infeliz, insatisfecho, nervioso, inquieto, triste y amargado que está. Vibra mal y por eso siempre está acompañado por entidades similares. Pero esta tristeza e insatisfacción es la suya propia. Cuando no cumplimos con nuestro deber, las consecuencias son nuestras. Y no es necesario desencarnar para sentir esto, no, lo sentimos mucho mientras estamos encarnados. Un médium es como un pozo de agua, cuanto más tome del agua para repartirla, mejor será para él y para los demás. Si no lo saca, se pudre, se estropea, dañándose. Si deja de dar, no tendrá ningún bien para sí mismo. Además, no ha hecho la lección. Volverá a hacerlo hasta que lo haya hecho. Repetir la lección no es agradable.

Me acordé de un amigo y quise volver a verlo. Lo conocí porque trabajamos juntos materialmente durante algunos años, hicimos algunos negocios. Su nombre es Lázaro, encarnado trabajó con su mediumnidad para el mal. Falleció mucho antes que yo. Incluso sin tener mucha libertad con él, muchas veces intenté advertirle. Le dije de forma educada:

– Lázaro, no puedes hacer el mal. No está bien. Un día todo vuelve a ti.

– No hago el mal, amigo. Solo castigo a quienes lo merecen.

– No somos nadie para castigar a otro. ¿No nos hemos equivocado también? ¿No hay un Dios para eso? – Pregunté.

– Dios está demasiado lejos de nosotros, nos toca castigarnos a nosotros mismos.

– Y tú, amigo mío, ¿estás excluido del castigo?

– Por supuesto que sí, estoy protegido – , respondió seriamente.

– ¿Por quién?

– Por mis amigos desencarnados.

Cuando el tema empezó a molestarle, se obligó a cambiarlo. Quiero dejar claro que no creo ni estoy seguro que no sea Dios quien castigue. Dios no premia ni castiga, somos nosotros los que, imprudentes, plantamos la mala hierba y la cosecha solo puede ser mala. Le hablé así solo para recordarle que Dios lo es todo, nosotros no somos nada. Y también para intentar llamarle a la realidad. Porque ciertamente se engañaba a sí mismo cuando decía que estaba castigando, el hecho es que en realidad estaba haciendo el mal. ¿Quiénes somos nosotros para castigar a alguien? ¿Cómo podemos lanzar piedras si seguimos siendo objetivos?

En otra ocasión me dijo que iba a hacer un trabajo en el monte para una chica. Cuando le pregunté para qué, me dijo:

– La pobre chica vino a mí llorando, está enamorada de un hombre casado y lo quiere para ella. La haré feliz. Ya ves, amigo, no hago ningún mal.

– No es bueno obligar a alguien a querer a otro. Entonces ese hombre está casado. ¿Cómo serán su mujer y sus hijos? ¿Ha pensado en ellos?

– ¿Por qué? Es la chica la que me lo pide, no la esposa. No podemos hacer felices a todos.

No sirvió de nada decir que estaba equivocado, cuando por mis preguntas se quedó sin respuesta, dijo:

– Déjeme hacer lo que quiera. No me meto en tu vida. Tú, con tu capacidad mediúmnica, podrías tener una vida mejor y no necesitarías trabajar tan duro en el campo. No cobras a nadie. ¡Para mí, tú eres el insensato e imprudente! ¿Cómo resolverías el caso de la chica, la dejarías sufrir?

– Lázaro, si esa chica acudiera a mí, le aconsejaría que olvidara a ese hombre casado.

– Como no recibiría el dinero que ella paga. Bueno, bueno…

También conocí a Jovino, que utilizaba mucho los servicios de Lázaro. Por cualquier razón estaba allí para hacer un trabajo para alguien. Un día me contó que envió un despacho o macumba a una vecina solo porque no saludó a su mujer.

Lázaro cobraba por el trabajo que hacía y no era barato. Pero el dinero recibido de esta manera no hace una fortuna, no pudo hacerse rico.

Pero la desencarnación llegó para ambos y mucho antes que para mí. Sentí curiosidad por encontrarlos y decidí buscarlos. Los encontré viviendo en el Umbral pero también trabajando con encarnados similares. Formaban parte del grupo que trabajaba junto cuando estaban encarnados. Jovino era un esclavo, tenía que obedecer las órdenes del grupo, tenía que trabajar para ellos, por cualquier motivo era castigado. Me acerqué a él y me dio pena, no era visible, pero traté de intuirlo.

– Jovino – dije mentalmente tratando de transmitir de mente a mente – Pide perdón a Dios, reza, arrepiéntete, pide ayuda a los buenos espíritus.

Sufría, era maltratado, pero no quería escucharme, estaba enfadado y pensaba que el sufrimiento que recibía era injusto. Creo que tardará en comprender que sufre porque recoge la cosecha de su siembra. Encarnado, se vinculó al mal. Hizo lo que hizo, hizo que otros lo hicieran, deseó el mal a otros y se conectó con el mal, desencarnó y fue atraído por sus espíritus afines. Plantó espinas y fue herido por ellas.

Lázaro también es como un empleado. El grupo tiene un jefe que da órdenes. A Lázaro siempre le gustó dar órdenes, ahora las recibe y trabaja duro haciendo favores a los encarnados. Es muy infeliz porque está insatisfecho con la vida mediocre que lleva. Le hablé, tampoco me escuchó, pero se acordó de mí y habló suspirando:

– Me pregunto dónde está Felisberto. Siempre iba en dirección contraria. Ya era feliz. Me pregunto cómo estará ahora. ¿Era realmente el tonto? Encarnado, pensé que era importante haciendo lo que hacía, ahora veo que no soy nada, aquí tengo que obedecer. Y tengo miedo de ajustar "cuentas" con Dios. Ciertamente no lo ha hecho. Siempre fui infeliz, encarnado, me engañé a mí mismo, ahora no tengo manera. ¡Qué vida más tonta! Qué mala es mi vida.

Ya no fui a visitarlos. Tendrán que comprender sus errores, arrepentirse y pedir perdón y ayuda. Solo entonces podré ayudarles. Pero rezo por ellos.

Encarnado, he visto y ayudado a muchas personas con problemas a veces graves, a través de los trabajos realizados, hechizos o macumba. Estas vibraciones negativas llegan cuando hay resonancia. Por eso tenemos que vibrar con el amor, con la caridad y el perdón. Si existe el mal, existe el bien, con mayor fuerza y armonía, que anula el mal. Pero desafortunados son los que hacen el mal. Porque, cuando recibimos un mal, esto no nos convierte en malos. Pero los que lo hacen, realmente se perjudican a sí mismos. Y llega la cosecha...

Visito mucho a María, aprovechamos para charlar, recordando los acontecimientos felices. Siempre me lo dice:

– Mi viejo, estoy tan agradecida a Dios por la oportunidad de esta última encarnación. Tuve la bendición de la mediumnidad y trabajé para el bien. Reparé mis errores, quemé mi karma negativo con mi trabajo y aprendí mucho. Estaba feliz porque el bien que hacemos nos llena de alegría y soy muy, muy feliz. Tuve una hermosa desencarnación y estar aquí entre los niños que amo es maravilloso.

– ¿Has pensado alguna vez, María, si no hubiéramos hecho el bien mientras estábamos encarnados? Se deja hacer el bien cuando se desencarna, como dicen muchos.

– Hay lecciones que solo los encarnados pueden hacer. Si no lo hubiéramos hecho, no habríamos aprendido, no habríamos vibrado para merecer ser llevados a la Colonia. Es bueno que lo hayamos hecho.

María trabaja muy duro, cuida de niños muy pequeños en la guardería de la Colonia. Trabaja veinte horas al día. En las otras cuatro horas, a veces viene a la Tierra para recibir visitas, va al Centro Espírita los días de reunión, ve a amigos y familiares. O se queda allí con sus pequeños. Los niños la quieren mucho. El amor es recíproco. A María siempre le han gustado los niños. Cuando estaba encarnada siempre estaba rodeada de ellos. Cuando la vieron, los pequeños la abrazaron. Desde que se casó conmigo y aprendió a hacer la bendición, siempre lo hizo con mucho amor. Cuando se hizo espírita aprendió a dar pases. Pero incluso entonces, en casos especiales, hizo sus bendiciones. María siempre fue buena, un ángel, honesta y trabajadora. Cuando estaba a punto de desencarnar, vi en su habitación un coro de más de veinte niños alrededor de su cama, cantando armoniosamente... Ella también los vio y falleció sonriendo. Y, según me contó después, los trabajadores la desconectaron y la llevaron a la Colonia. Durmió con el coro de niños, para despertarse dispuesta y feliz en una cama de una sala para pacientes en recuperación en el hospital. Allí se recuperó rápidamente y los niños mayores del Educandário siempre iban a visitarla y a mimarla. Fue a estudiar, trabajó en muchos empleos en la Colonia para aprender. Cuando se sintió con fuerzas, se puso a trabajar en el Educandário.

Tiene su propio rincón en el Educandário. Es una habitación rosa con solo lo esencial. Casi nunca se detiene allí, lo utiliza más para recibir visitas. Dispone de un sofá, una mesa con sillas y una librería. Solo dos jarrones con flores lo decoran. También tiene fotos de sus hijos y nietos en la pared.

Como no paro en casa, soy el que más va a visitarla. Y ahí está, rodeada de niños. La llaman abuela o abuelita. Verla entre los niños es conmovedor. Cómo los cuida con amor.

¡María es feliz!

Quiero explicar que uno es feliz aquí porque casi siempre ha sido feliz encarnado. Ser feliz es tener la alegría de vivir bien o de vivir para el bien. No importa si ha tenido problemas, dificultades, son pruebas que hay que superar. No importa qué dolencias tenga el cuerpo. Lo que importa es la transformación interior, cambiar los vicios por las virtudes. Ser un servidor de Jesús, empezar a servir y dejar de ser servido.

A través de amigos comunes conocí a Antônio Carlos y me pidió que le hablara de mí. Le conté rápidamente los hechos más importantes y me escuchó con mucha atención.

– Señor Felisberto – dijo – le invito a que narre a los encarnados la historia de su última encarnación, todo lo que acaba de contarme. Será un incentivo para los que trabajan por el bien.

– ¿Lo conseguiré?

– Estudiará para ello.

Después estudié, porque acepté la invitación de este amigo. Pero, volviendo a nuestra conversación, Antônio Carlos me preguntó:

– ¿Qué quería tener cuando se encarnó y no tuvo?

– Conocimiento. El conocimiento es demasiado importante. Con la sabiduría se ayuda con precisión. Si hubiera tenido más conocimientos cuando encarné, habría ayudado a muchos mejor de lo que lo hice.

– Sr. Felisberto, ¿valió la pena haber trabajado con su mediumnidad? ¿Haber hecho el bien mientras estaba encarnado?

– Todo lo que he hecho, me lo he hecho a mí mismo. Nunca pensé que al ayudar tan poco a los demás estaba haciendo tanto por mí. La alegría del deber cumplido, de la tarea realizada es grande y maravillosa. Desde que encarné, siempre he rezado como si estuviera a los pies de Jesús. Siempre he podido imaginarlo y nunca me he avergonzado de estar en su presencia. Hace muchas encarnaciones quise ser un siervo del Maestro Jesús. En este servicio, aunque era un pequeño aprendiz, cumplí con mi deber. Sí, amigo mío, ha merecido la pena, ¡y cuánto ha merecido la pena!

SEGUNDA PARTE

I.– Desencarnación

Durante algunos días no me fue nada bien. Tenía una enfermedad renal crónica que durante años me había obligado a someterme a hemodiálisis. Pero mis riñones no me mantenían en cama, así que en la medida de lo posible llevaba una vida normal. Pero mi corazón no estaba bien. Se estaba hinchando y sentía que me faltaba el aire. Durante unos ocho días solo quería irme a la cama. Tengo tres hijos, dos mujeres y un hombre. Todos casados, las hijas vivían cerca, y cuando estaban preocupadas siempre venían a mi casa. Vivía sola desde que mi hijo se casó. Incluso cuando estaba indispuesta me levantaba para ir al baño y me sentaba a la mesa para comer. Hacía tres meses que no iba al Centro Espírita. Cómo echaba de menos las reuniones amistosas. Pero la gente del Centro venía a visitarme, me recompensaron con pases que fueron agradables para mi espíritu. Siempre he tenido la costumbre de visitar a la gente cuando está enferma o tiene problemas. Ahora me tocaba a mí recibirlos. Hubo muchas visitas que me reconfortaron y me llenaron de cariño.

Tres días antes, estaba nostálgica, pensaba, aunque no quería, en el pasado. Fue curioso que los acontecimientos que había olvidado volvieran a mí. A veces me entristecían, a veces me alegraban. Parecía, en ciertas partes, una película de mi propia vida. Vi mis errores, mis éxitos, todos los acontecimientos de forma clara. A veces he llorado recordando ciertas partes. Por la tarde sentí más síntomas de mis enfermedades, me puse enferma y mi hija llamó al médico. Mi hija llamó al médico, que se preocupó y le dijo que llamara a una ambulancia para que me llevara al hospital.

"Pronto me desencarnaré", pensé y me puse atenta. Siempre pensé que podría ver mi desencarnación. Pero, en ese momento, no era tan valiente. Sentí miedo y un escalofrío en el estómago. Lúcida, observé todo, el médico y la hija que lloraba.

Entonces me confundí un poco, mi respiración era muy incómoda, era muy difícil respirar. Vi que me pusieron en la camilla y luego en el vehículo, es decir, en la ambulancia. Vi a otras personas vestidas de blanco que pensé que eran personal del hospital. Me estaba dando sueño, traté de mantenerme despierta. Vi a unas cinco personas a mi alrededor y pensé: ¿por qué tanta gente dentro de la ambulancia? Intenté por todos los medios mantenerme despierta, pensé que algunos de los medicamentos, porque ya había tomado al menos tres inyecciones, me hacían dormir, acabé rindiéndome al sueño[4].

He dormido, pero no he perdido la conciencia del todo. Mejor, estuve en una modorra, sentí más que vi, me sacaron de la ambulancia. Mi respiración era más fácil. Parecía que me llevaban en una camilla. Pensé: he desencarnado y me están desconectando o me han sacado de la ambulancia hacia el hospital. Sentí que pronto llegué a otro lugar y me acomodaron en la cama. No sentí ningún dolor. De nuevo la duda: ¿he desencarnado o no? No, pensé, no debo haber desencarnado, de lo contrario lo habría visto. Con sueño y ganas de despertarme, escuché:

– María Dalva, soy médico, tu estado de salud ha mejorado mucho. Cálmese, duerma y descanse.

La voz tranquila y armoniosa, llena de afecto, me dio confianza y sentí que me colocaban en la cama. Pero estaba inquieta, quería saber si había

---

[4] N.A.E. En ese momento confundí a los desencarnados que me ayudaban con los encarnados. Solo había un encarnado que estaba conmigo, los otros que vi eran amigos espirituales que me desconectaron. Cuando me dormí era en parte por las medicinas que tomaba y porque estaba desencarnando.

desencarnado. Intenté moverme, abrí los ojos y vi a un hombre de blanco que sonreía a mi lado.

– María Dalva, cálmate hija. No hay razón para agitarse tanto.

"Tienes razón, pensé, ¿por qué agitarme? Si todavía estoy encarnada, he mejorado. Si he desencarnado, debo estar en algún hospital del plano espiritual y he sido rescatada."

No tenía motivos para preocuparme, pronto lo sabría. Decidí hacer caso a los consejos de aquel amable médico y me tranquilicé. Pensé en Jesús, ese amigo de todos, ese Jesús que, encarnado, caminaba entre la gente bendiciéndola y dormí placenteramente.

De nuevo atravesé un marasmo y me pareció ver a mi madre desencarnada, cerca de mí, sosteniendo mi mano. Todavía me duele un poco la espalda. Me acosté en la cama, creo que me di la vuelta y me dormí de nuevo.

Realmente me desperté y me senté en la cama.

– ¡He mejorado! – Exclamé, feliz.

Respiré sabroso tres veces seguidas.

– Mi respiración es normal – dije con alegría– . Me desperecé y fui a rezar. Durante unos treinta minutos recé.

– ¿Me pregunto si he desencarnado? – Me pregunté.

Recordé los últimos acontecimientos y me pareció que en ellos había visto a mi madre a mi lado. Mi madre falleció hacía tiempo, pero siempre vino a verme, en los momentos difíciles siempre estuvo conmigo. Pero sospeché que podría haber desencarnado, no utilizaba ningún aparato, ni suero, estaba cómoda en la cama. Examiné la habitación. Era sencilla, limpia, toda luminosa, tenía dos puertas y una gran ventana que estaban cerradas. La habitación estaba a oscuras. Además de la cama, había una mesa y tres sillas y un pequeño armario. En la mesa había una jarra de agua y un jarrón con hermosas flores rosas.

– La habitación no es nada especial, bien podría ser una del hospital de la Tierra. Pero ¿una habitación privada? Ciertamente, si estuviera encarnada, iría a una sala colectiva.

Hablé para mí misma y en voz baja. Decidí esperar para averiguarlo. Porque todavía sentía ligeros dolores en la espalda, lo que me hacía dudar. Aunque sabía que la mayoría de los que desencarnan sienten los mismos dolores que los que encarnan. Pasaron unos treinta minutos. De repente, una de las puertas se abrió y un hombre joven, todavía de cuarenta años, entró y me sonrió.

– ¡Hola, María Dalva! Se ha despertado de buen humor. ¿Quiere algo?

Reconocí la agradable voz, era la misma persona que me había calmado antes.

– ¿Es usted médico? – Pregunté.

– Sí, señora.

– ¿Cómo me veo?

– A mí me parece que estás bien. ¿Puedes sentir algo?

– Tengo un poco de dolor en la espalda, en los riñones.

– Es solo una impresión – respondió, con calma.

– Impresión, reflejo, ¿es eso lo que quiere decir?

Sonrió. Tenía miedo de preguntar mis dudas. Pero, hice un esfuerzo y me informé.

– ¿Dónde estoy? ¿Qué hospital es este? ¿Dónde estamos?

– Por último, quieres saber si has desencarnado, ¿no es así? – Hizo una pausa, creando suspense, y luego habló:

– Sí, María Dalva, has desencarnado.

Empecé a llorar suavemente. Creo que fue por la emoción o porque en el fondo tenía un poco de cisma. Por mucho que hablemos de la desencarnación, cuando se trata de la nuestra, nos emocionamos. Me limpié las lágrimas que corrían por mi cara y me sentí avergonzada. Miré al médico, que me miraba con gran afecto, y le pregunté.

– ¿Cómo se llama?

– ¿Hacemos un trato? No le llamaré más señora y tampoco me llamarás señor o doctor. ¿Seremos amigos? Mi nombre es Valter. Y vamos a ocuparnos de ese pequeño dolor de espalda que no deja de molestarle. Dejemos de lado esa impresión... Has tenido este dolor durante mucho tiempo, pero ahora es el momento de dejar de tenerlo.

Me cogió las manos y me hizo sentarme en la cama. Pasó suavemente sus manos por el punto que aun le dolía unas cuantas veces y el dolor desapareció.

– ¡Qué alivio! ¡No tengo más dolor!

– Y ya no lo tendrás. No pienses en él, debe pensar a partir de ahora solo en que está muy bien y saludable.

– ¡Tengo sueño! exclamé.

– Genial – dijo Valter –, duerme bien. Cuando te despiertes tendrá muchas sorpresas. Muchos amigos quieren verte.

Me ayudó a recostarme, me cogió la mano de forma muy cariñosa, cerré los ojos y me dormí. Me desperté y vi a mi lado, para mi alegría, a mi madre, a Durvalina y a João. Estos dos últimos fueron mis protectores, compañeros de trabajos espirituales. Fueron los desencarnados que me ayudaron en los trabajos en el Centro Espírita y que me ayudaron mucho durante mi vida. Los abracé y lloré. Me conmovió mucho. Mamá me limpió la cara.

– María Dalva, Dalvita, ¡no llores! Han pasado tres días desde que falleciste. No te emocione así.

Siempre he sentido curiosidad, especialmente en lo que se refiere a la espiritualidad. Me olvidé de llorar y empecé a hacer preguntas.

– ¿Dónde desencarné? ¿De qué?

– ¿Qué María Dalva? – Dijo mamá –. ¡Estabas tan enferma! Tu corazón se detuvo y eso fue todo. En la ambulancia de camino al hospital.

– ¿Qué sienten mis hijos?

– Por supuesto, eres muy querido. Hijos, nietos, amigos, vecinos, todo el mundo lo sentía mucho. Pero la familia, al tener conocimientos espíritas, se esforzó por actuar como tal.

– ¿Qué pasa con mi casa? – Pregunté, recordando mi pequeño rincón.

– Sabes que es alquilado. Las chicas se mudan, comparten los muebles, tienen que donar muchos objetos.

Las niñas, aunque son mayores, son llamadas así por mí y por su abuela.

– Amaba todo lo que era mío, dije, pero razoné y luego añadí.

– Todos estos objetos me sirvieron cuando encarné, estoy agradecido de haberlos tenido. Que otras personas hagan buen uso de ellas.

– ¡Eso es! – Exclamó mamá. Los objetos materiales están para servirnos cuando estamos encarnados, no para amarlos demasiado.

– ¿Cómo se llama este lugar? – Pregunté, curioso.

– Colonia del Valle de la Paz. Está en la parte del hospital.

– ¿Es hermoso aquí? ¿Como en la Colonia Nuestro Hogar que narra André Luiz en sus libros?

– Sí, es realmente encantador aquí – dijo mi madre.

– ¿Cuándo saldré de aquí? Cuando me vaya, ¿a dónde iré?

– Vas a vivir conmigo – dijo mamá, en una casa grande y bonita, junto con otras personas y algunos familiares, el tío Lécio, la tía Mariquita y el primo Marcelo. Irás allí cuando esté lo suficientemente bien para ello. Cuando Valter te de alta.

– Y ustedes, amigos, ¿qué harán ahora? – Pregunté a Durvalina y a João.

– Yo – dijo Durvalina –, voy a trabajar con una médium novata que se está iniciando en el Espiritismo. Espero poder ayudarla y, juntas, trabajar por el bien de muchos.

– Yo – dijo Juan –, voy a prepararme para reencarnar. Siento que ha llegado el momento de volver a la carne. Mi nieto se va a casar, creo que seré su hijo.

– Tengo mucho que agradecerle.

– No nos dé las gracias. Éramos compañeros, lo que hacíamos era juntos. Aprendimos, servimos y crecimos en un trabajo conjunto, dijo Durvalina.

Pero les estaba agradecido, habían sido muchos años los que habíamos estado juntos, pero sentí que debía insistir en mi agradecimiento. Durvalina y João se despidieron y mamá me ayudó a levantarme.

– Ahora vamos al baño.

Me pareció extraño, pero tenía ganas de ducharme. El baño era sencillo y agradable. Me di una buena ducha y me puse otra camisa de tela gruesa con medias mangas que me llegaba a las rodillas, era blanca. Luego me fui a comer. Sobre la mesa había una bandeja con un cuenco de caldo, fruta y pan.

– Aliméntate, mi niña.

Estaba muy sabroso, después de lo cual me senté en la silla. Yo era un convaleciente. Me estaba recuperando de una enfermedad del cuerpo.

– Los acontecimientos de aquí no parecen tan diferentes de los de la Tierra. Excepto por la mejoría y el alivio en la respiración, me siento como una mamá encarnada.

– Aunque haya cambiado de plano, de lo físico a lo espiritual, este cambio no se produce bruscamente. Todo se suaviza para no resultar extraño. Usted, recién desencarnado, todavía tiene un fuerte reflejo del cuerpo, por lo que come, usa el baño y quiere limpiarse, pronto todo esto será superado.

– ¿Le pasa a todo el mundo?

– Tal es el caso de los que han merecido ayuda. En el caso de los que deambulan, estos reflejos son más fuertes y largos.

Durante días me quedé así, dormí, me alimenté, recibí visitas y charlé. Desde la ventana podía ver el jardín del hospital, muy bonito. Fui a dar un paseo entre los parterres y charlé con otras internas. Las conversaciones, en los primeros días, versan sobre la desencarnación, sobre los familiares que se han quedado encarnados y las impresiones sobre la Colonia. Siempre es agradable hablar. A veces aparecía el pequeño dolor en los riñones y trataba de repelerlo. Esto sucedió cuando recordé a las niñas, la vida encarnada. Pasaron quince días y Valter me dio el alta.

La Colonia Valle de la Paz es grande y encantadora. Mamá me llevó a casa. Fuimos en aerobús. El autobús se detuvo frente al hospital: entramos, qué sensación tan maravillosa es estar dentro de un aerobús. Se desliza suavemente y pronto llegamos. Nos detuvimos en una esquina cerca de mi futuro hogar. La casa fue otra sorpresa. Hermosa y grande, rodeada de plantas y un elegante jardín. Cuando llegué, solo estaban presentes dos residentes, el tío Lécio y la tía Mariquita. Me recibieron con alegría, dándome la bienvenida. Por la noche conocí a otros dos residentes, una pareja muy agradable y volví a ver a mi primo Marcelo.

La casa era un sueño. Hermosas pinturas en las paredes y jarrones de flores. Hay una zona con bancas y sillas delante de la casa donde los residentes se reúnen para charlar en su tiempo libre. Hay dos grandes habitaciones amuebladas con sencillez y encanto. Luego un pasillo y los dormitorios. No hay nada superfluo, todo es útil. Algunos días más tarde vi que la casa estaba limpia por la acción de las mentes de los residentes. Así que no hay tareas domésticas. Estaba encantada con eso. Fui ama de casa durante años y siempre con los mismos servicios, allí había bastante que desear y todo estaba limpio y al gusto. ¡Es maravilloso!

Al entrar en la habitación que me estaba reservada, una sorpresa, en la pared una foto de mis hijos y nietos.

– ¡Qué bonito! – Exclamé.

– Fue una sorpresa que hice para ti – dijo mamá.

En el dormitorio, la cama, una pequeña mesa con sillas, un armario. Había otra puerta que conducía al baño.

– Como te alimentas – dijo mi madre, tienes que usar el baño. Las necesidades de la vida encarnada nos acompañan y tenemos que aprender a prescindir de ellas, pronto sabrás cómo vivir como desencarnado.

Sabía que era cierto, tenía sueño y dormía, tenía hambre y comía, sentía la necesidad de bañarme, peinarme, cepillarme los dientes.

– Aquí, con la permanencia y la convivencia, dejamos atrás estas necesidades, pero tenemos cursos en la escuela donde aprendemos mucho más rápido.

– Quiero aprender, ¿me llevará mamá a la escuela?

– Sí, tan pronto como sea posible.

Vivir allí estaba siendo totalmente agradable. Me inscribí en los cursos de volitación y nutrición y todo iba muy bien. Recibí muchas visitas, eran de familiares, por supuesto de los que estaban bien, porque desgraciadamente había algunos que estaban vagando o incluso en el Umbral. Visitas muy agradables de amigos que desencarnaron antes que yo y de personas agradecidas. Aquellos a los que tuve la suerte de beneficiar y que ahora vinieron a visitarme con galanterías y mimos, dándome la bienvenida. A muchas de estas personas que vinieron a verme no las conocía y a veces ni siquiera las recordaba. Comentando esto, Murilo, uno de los residentes de la casa, dijo:

– Por eso estás entre nosotros. Recuerda todos los beneficios que has recibido y has olvidado a los que ha beneficiado.

También fui a visitar a otros residentes en otras casas. Volví a ver a mi suegra, que fue muy buena, caritativa y servicial. Vivía a pocas manzanas de su casa. Las casas aquí se diferencian poco entre sí. Mi suegra vivía en una casa grande que tenía doce residentes. Fue una alegría abrazarla.

Cogí libros de la biblioteca para leerlos, eran libros espíritas que solo se tienen aquí en el plano espiritual, me encantó leerlos. Son preciosas. Pasaron tres meses y mamá me acompañó a visitar a mis hijos. Fue emocionante verlos, me conmoví y lloré. Pero, gracias a Dios, todos estaban bien, me echaban de menos. Le pregunté a mamá:

– ¿Vamos al Centro Espírita Amor y Luz? Tenía tantas ganas de verlo con mis ojos desencarnados.

Fui a ese Centro durante muchos años, allí aprendí y participé en su trabajo por el bien. Mamá estuvo de acuerdo y nos fuimos. Qué bien, los fluidos eran agradables y nos recibió el mentor espiritual de la casa.

– ¡María Dalva! ¡Qué alegría verte bien!

El lugar donde se encuentra el Centro Espírita es un edificio grande y hermoso. Pero, confirmando lo que sabía, en la parte astral hay un gran Puesto de Socorro. Sencillo, solo tiene lo esencial, pero es hermoso. Cuenta con grandes pabellones en los que se internan muchos espíritus. Casi todos ellos se quedan allí temporalmente. Se quedan allí para recibir orientación a través de la incorporación durante los días de trabajo de desobsesión, o hasta que mejoren, entonces son trasladados a otros lugares más grandes. Hay muchos trabajadores desencarnados sirviendo en todo momento.

Todos los trabajadores de ese Centro Espírita me conocían y los desencarnados que estaban allí en ese momento vinieron a saludarme con afecto. Recibí las muestras de afecto y las agradecí.

– Gracias, le agradezco todo.

Todo el mundo allí está contento y el ambiente es muy agradable, sentí que mi amor por el Centro Espírita seguía siendo fuerte, exclamé con convicción:

– ¡Cuando sea posible quiero venir a trabajar aquí! He visitado todo el puesto y he escuchado las explicaciones del jefe de la casa.

– Recibimos todo lo que necesitamos, como ropa, alimentos y medicinas de la Colonia Valle de la Paz, a la que estamos afiliados. Aquí no se produce nada. El transporte es en aerobús.

De vuelta a la Colonia, pensé que era el momento de servir. Mamá me dijo que debía ir al Departamento de Trabajo para pedir una ocupación.

El Departamento de Trabajo es grande y está muy ocupado. A veces, para no tener colas, se pide una cita para la consulta. Esto ocurre en las Colonias más grandes. Eso es lo que hice a primera hora de la mañana. Fui y pedí una cita para la tarde. Una chica me respondió, sonriendo. Tenía una copia de mi expediente. Este archivo solo contiene datos personales de la última encarnación y de la desencarnación. Durante media hora hablamos de lo que me gustaría hacer, si estaba disfrutando de la Colonia, etc. Terminé diciendo:

– He sido costurera durante muchos años, me gustaría seguir siéndolo. Quiero hacer ropa.

– María Dalva, tiene usted un gran conocimiento. Ha estudiado las verdades eternas. Eras era una espírita convencida. Encarnada, diste pases, te ocupaste de los enfermos espirituales y aquí puedes continuar esta labor, siendo útil en el ámbito de la ayuda a los demás. Pero, siempre tratamos de atender a nuestros protegidos. Ya que tienes tantas ganas, servirá en nuestros talleres durante tres meses. Después de este trabajo tendrás que volver aquí.

Ya el otro día, mamá me acompañó a la fábrica, en el camino le pregunté:

– Mamá, ¿la ropa que llevo está hecha aquí?

No llevé ninguna que fuera similar a las que tenía cuando estaba encarnada. No tenía ninguno que fuera especial para mí. Cuando me dieron el alta del hospital, mi madre me regaló una falda gris claro y una blusa blanca. Un conjunto sencillo y práctico. Al principio, mamá lo moldeaba para que yo lo limpiara. Entonces aprendí, limpié mi ropa y mi cuerpo yo misma. Así que la ropa aquí está siempre limpia y nueva. Pero la ropa de los pacientes internos del hospital se lava en la gran lavandería en máquinas gigantes de los que emergen esbeltos y limpios. Hay trabajadores para hacer este trabajo. Mamá respondió a mi pregunta:

– Sí, se hizo aquí.

– Madre, ¿no sería más fácil si en lugar de hacer esta ropa en la fábrica, la moldearan los instructores de la casa o de Colonia?

– También pensé en eso cuando llegué aquí. Pero hija, aquí necesitas una fuente de ocupación. El servicio es útil para el progreso del espíritu. Si se le diera forma a todo, se acabarían muchas fuentes de trabajo. Aquí no hay lugar para los ociosos. Debemos aprender a trabajar con alegría. La parte de la ocupación es una necesidad para que el espíritu no se vuelva ocioso. En la etapa en la que nos encontramos, necesitamos ejercitar nuestra capacidad creativa como si estuviéramos desarrollando un talento. ¿Recuerdas, niña, la parábola de los talentos? En la que Jesús dijo: "*Siervo bueno, has sido fiel en las cosas pequeñas, te daré el dominio de las cosas grandes.*" Todavía somos pequeños, tenemos que ocuparnos de las cosas que nos preocupan. Aquí, en la Colonia, nuestros instructores no tienen que llevar ropa moldeada ni nada de eso. Pero, como todavía no conocemos las grandes cosas que el Padre nos tiene reservadas, entonces, ocupémonos de las pequeñas, para que, poco a poco, podamos realizar las grandes. Ociosa, la mente se vuelve inútil y aquí en la Colonia, tanto como en la Tierra, necesitamos pulir nuestros pensamientos y este trabajo se sigue realizando a través de la solución de nuestras necesidades. La madre trabajaba en el hospital catorce horas al día. Desde que yo había desencarnado, pasaba su tiempo libre conmigo.

Fuimos a la fábrica de aerobuses. La gran fábrica, como se la conoce, es realmente enorme. Tiene muchos almacenes y está dividida en alas. El aerobús paró justo delante de la fábrica, me bajé encantada con lo que vi. Está todo pintado de color beige en el exterior con decoraciones blancas en relieve. Tiene grandes vidrieras y muchas puertas. Da la impresión de ser una fábrica de la Tierra bien cuidada, pero es mucho más bonita, el edificio está como recién construido. Entramos por la puerta principal y recibimos un distintivo. Un coordinador vino a darnos la bienvenida.

– Así que, María Dalva, ¡vas a servir aquí durante tres meses! De nada. Le acompañaré a visitar todo.

Nos subimos a un carro abierto, mamá, yo y un grupo que iba a visitar la fábrica. Estas visitas son frecuentes, la mayoría son grupos de estudio que vienen a conocer este lugar de trabajo. Nuestro guía nos lo explicó.

– Esta es la parte de coordinación, donde están las habitaciones de los responsables de la fábrica. Normalmente estas fábricas, que existen en casi todas las Colonias, existen para ser una fuente de trabajo para muchos residentes del plano espiritual. Son sencillas, las adornan con plantas y algunos cuadros en las paredes con paisajes, así como hermosas frases extraídas de la Biblia, principalmente de los Salmos y los Evangelios, escritas con letras sencillas pero hermosas que animan a los trabajadores. El tamaño de estas fábricas depende del tamaño de la Colonia.

Miraba todo encantada. Pasamos a otra ala. En esta fábrica las alas se llaman pabellones, pero esto difiere de una región a otra.

– Aquí es donde se hace el hilo, dijo nuestro dulce cicerone.

El hilo, que se convierte en tejido, está hecho de plantas. Estas plantas se cultivan en los bosques de la Colonia solo para este fin. Aquí solo se fabrican tejidos de color claro.

Luego vimos la parte de la fabricación. Después de visitarlo todo, el coordinador me llevó a la sección de ropa en la que trabajaría. Mamá se fue, pero no me sentí sola, todo el mundo era amable y simpático. Fui a presentarme al coordinador de esta ala, me sorprendió ver lo perfectamente que se hace todo. Tenía curiosidad por saber cómo funcionaba todo allí. Le pregunté al coordinador:

– ¿No hay accidentes aquí?

– No, todo funciona en perfecta seguridad y orden. Aquí se aprende a estar atento. Pero si hay un corte, se le atiende inmediatamente en la enfermería de la fábrica y se le cura de inmediato[5].

En treinta minutos supe lo que iba a hacer. Cortaría prendas, pantalones, camisas, pijamas, jerseys y uniformes.

Se fabrican muchas piezas al día. La gran fábrica sirve a la Colonia y a los Puestos de Socorro adscritos a ella.

Tenía un solo conjunto y sabía que siempre sería nuevo. Me interesé por saber qué pasaría con él cuando volviera a encarnar. Mamá me lo explicó:

– Al dejar de ser alimentada por tu mente, al dejarla al reencarnar en el Departamento de Reencarnaciones, la prenda se deshace.

– ¿Se deshace?

– Sí.

Trabajaba ocho horas al día y aprendí rápidamente a hacer todo tipo de ropa en el plano espiritual. También aprendí a nutrirme de los fluidos vitales de la naturaleza. Así que dejé de alimentarme y de dormir. Me sentía muy bien y fui a visitar toda la Colonia. Lo que más me gustó fueron los vídeos. Me encantó ver todo lo

---

[5]N.A.E. Los accidentes ocurren a los espíritus si todavía están apegados inconscientemente a la materia.

relacionado con el codificador de la Doctrina Espírita, Allan Kardec. Me parecieron hermosas las plazas, los jardines, los edificios y la escuela. Pronto aprendí todo lo que es posible en el plano espiritual. Aprendí rápidamente porque ya sabía mucho, leí y estudié mucho cuando estaba encarnado.

Me sentí muy bien como desencarnado. Solo tenía que estar agradecida, todo era maravilloso. Muchas veces pensé que había recibido demasiado. Pero, sobre esto, escuché.

– ¡Te lo mereces!

Agradecida, profundamente agradecida, la vida en el mundo de los espíritus me encantaba tanto que siempre exclamaba:

– ¡Qué bonito es estar desencarnada!

II.– Recordando el pasado

Han pasado tres meses durante los cuales he hecho un poco de todo en la gran fábrica. Me gustó mucho el trabajo allí, aprendí mucho e hice buenos amigos. De vuelta al Departamento de Trabajo me dieron otro trabajo. Fui a trabajar al hospital diez horas al día. Trabajé como enfermera, haciendo lo que ya sabía, escuchando a los enfermos, dando consejos, pases y ayudándoles a comer. También lo disfruté mucho. Siempre, cuando me daban permiso, iba a la Tierra a visitar a mis hijos y amigos. Siempre acariciando el sueño de trabajar en el Centro Espírita.

Una cosa que siempre me intrigó desde que me hice espírita fue mi pasado, mis experiencias anteriores. Encarnada, no podía saber nada. Cuando desencarné, nada más salir del hospital, quise saber. Pero mi madre me aconsejó:

– ¡Cálmate, María Dalva! ¿Qué cambiaría en ti al saber quién eras en las existencias anteriores? ¿No te basta con la experiencia de ésta?

Para mí no fue suficiente. Quería saberlo, así que tan pronto como pude me dirigí al Departamento de Reencarnaciones. El edificio es precioso. Como todas ellas, está rodeado de árboles, pero en esta zona las flores son rojas. El edificio es de color verde claro con bordes verdes más oscuros. Justo en la entrada hay un gran cuadro que representa a Jesús enseñando en la barca. Nuestro Maestro está de pie con los brazos levantados, vistiendo una túnica blanca. ¡El cuadro es precioso! Me detuve frente al cuadro y lo contemplé extasiada. El edificio es enorme y el ir y venir de gente es grande durante su horario de trabajo. Allí podrá informarse sobre las personas, dónde están y cómo les va. Y muchos van allí en busca de información. Las peticiones de reencarnación se hacen allí, así como los detalles de este regreso a la carne. Muchas personas trabajan allí. Después de esta sala de entrada, pasé a otra sala, la de recepción. Aquí, las pizarras escritas indican dónde están los temas deseados, para ser consultados. La sala de recepción es grande. Busqué la mía, donde leí en el cartel "Regresión", y fui allí. Mientras esperaba en la cola, observé el lugar. Un gran reloj adornaba la pared principal. Los horarios en las Colonias y los puestos de socorro son los mismos que en la ciudad material a la que están adscritos. El día aquí, el día allí, la noche allí es la noche aquí, y las horas son las mismas. En esta sala hay unos cómodas bancas en los que estaban sentadas algunas personas. Por toda la sala, los jarrones con flores alegran el lugar. El edificio tiene tres plantas.

Conocí a una mujer aquí en la Colonia que es mi vecina. Vive al lado del mío y trabaja en este Departamento. Le gusta mucho su trabajo, le fascina el tema. Dijo que el Departamento tiene muchas salas y que el tema es muy científico.

Cuando me atendieron les expliqué mis razones.

– Quiero hacer una regresión para recordar mis otras existencias encarnadas.

– Rellene los detalles, por favor – dijo el caballero que me atendió.

Me dio un formulario y un bolígrafo. Pronto lo devolví rellenado. Se trataba de datos personales como el nombre, las fechas, el lugar de residencia, el trabajo, etc. Entonces se programó una audiencia para dos días después.

Esperé ansiosamente. A la hora señalada, allí estaba yo, avergonzada, pero curiosa. El hombre de la recepción me indicó dónde tenía que ir. Me recibirían en el segundo piso, prefería subir por las escaleras, pero en todos los edificios hay ascensores, similares a los que tienen los encarnados[6]. Al llegar

---

[6] N.A.E. En las Colonias nos desplazamos caminando. También hay aerobuses que circulan por las

al segundo piso, comprobé el número de la puerta y entré. La habitación era agradable, bonita, con muchos sillones cómodos. Me senté y esperé. Pronto una chica me pidió que entrara en la siguiente habitación. Esta habitación era más bien una sala de consulta. La chica se presentó y nos sentamos a hablar. Era una consejera de la casa.

– Así que, María Dalva, quiere saber sobre sus existencias anteriores. ¿Tiene alguna razón especial para ello?

Me sentí avergonzada, pero respondí con sinceridad.

– No, no lo sé. Es solo por curiosidad. Pero también es para saber si he enmendado mis errores en esta última encarnación.

– María Dalva, recordar el pasado es un asunto serio que no debe hacerse solo por curiosidad. Todo lo que vivimos y hacemos queda registrado en nuestra memoria y en los archivos. La persona que es lo suficientemente apta y madura para hacerlo recuerda sola, ya sea encarnada o desencarnada. Los que recuerdan de forma inmadura, sin estar preparados, corren el riesgo de desequilibrarse.

Colonias. No se acostumbra a volitar. En los edificios, subimos las escaleras o utilizamos los ascensores como los encarnados.

Especialmente los que han cometido muchos errores. ¿Te siente lo suficientemente madura para hacerlo?

– Bueno, pensé que cuando desencarnara recordaría todo solo y rápido.

– Solo aquellos que son maduros, capaces de recordar, como ya he dicho. En cuanto a lo que pensaba, que al desencarnar recordaría enseguida, no es del todo cierto. Aunque aquí, este recuerdo es mucho más fácil. En este departamento contamos con profesionales competentes que ayudan a realizar esta regresión. Como también existen, para los encarnados, estos profesionales. Cada caso que se nos pide es estudiado. Solo la persona cuyos recuerdos no entorpecen la vida presente puede ser ayudada, por el Departamento, a recordar.

– ¿Así que no se responden todas las peticiones?

– No, cuando vemos que el pasado puede llegar a entorpecer el presente, no lo hacemos. Por supuesto, ese individuo que no fue atendido puede recordarlo en el futuro. Puede que no sea bueno para él en el presente, pero eso no significa que no pueda hacerlo más adelante.

– ¿Puede alguien hacer esta regresión en otra persona?

– No, absolutamente no. Se necesitan conocimientos para hacerlo. Aquí con nosotros trabajamos con especialistas médicos, académicos especializados. Pero sabemos que algunas personas han hecho recordar a otras. Muchos de los espíritus que vagan por el Umbral, víctimas de la venganza, recuerdan porque sus verdugos les hacen recordar sus malas acciones, para hacerles sufrir aun más. También puede ser al revés; las personas buenas hacen que los demás recuerden las encarnaciones que vivieron juntos para ayudarles. Pero en estos casos, solo se recuerdan trozos de sus experiencias.

– Estos recuerdos pueden ocurrir con los encarnados, ¿no es así?

– Sí, lo hemos visto en casos de obsesiones, perjudicando aun más al obseso. Así como hay espíritus amigos para animar en el bien a sus tutelados.

– Ha dicho que además de tener todo registrado en la memoria, también lo tiene en los archivos. ¿Qué archivos?

– Todos tenemos un registro adherido a nuestra propia mente que se graba simultáneamente en nosotros y en nuestra ficha. Pero solo se registran los acontecimientos importantes.

– Ese archivo debe ser enorme – dije asombrada.

– Tenemos dos archivos. Hay uno en nuestra propia Colonia en la Esfera Superior, en el

Departamento General, donde se guardan los archivos de todos los habitantes de la Tierra. Y otra en la Colonia donde el espíritu está afiliado. Una persona encarnada o desencarnada en los dominios de la Colonia del Valle de la Paz tiene su expediente almacenado con nosotros. Si desencarna y quiere reencarnarse en otro lugar, su expediente pasa a los dominios de otra Colonia.

   – ¿Qué pasa con las personas que desencarnan lejos de su lugar de origen? ¿Qué ocurre con sus registros?

   – Esto dependerá de las circunstancias, si esta persona estaba de paso en otro lugar y desencarnó, su expediente continúa en la Colonia anterior. Si esta persona vivía en un lugar diferente, su expediente también cambiará. Si cambia de encarnado, se lleva el cambio consigo, sus documentos y su expediente también cambian de Colonia.

   – ¿Y si este cambio se hace después de la desencarnación? Porque conocí a una chica que vino de Venezuela a Brasil, especialmente a la Colonia Valle de la Paz, y tiene la intención de quedarse aquí.

   – Por el momento permanecerá en su lugar de origen, si decide reencarnarse en nuestros dominios su expediente vendrá a nosotros.

   – ¿Y quién cambia mucho cuando se encarna? – Pregunté.

– En este caso su archivo permanecerá en el archivo de origen. Cuando esta persona desencarne decidirá dónde quedarse y su expediente permanecerá con ella.

– ¿Y qué pasa con los desencarnados que trabajan por todo Brasil sin una Colonia propia en la que alojarse? – Pregunté, curiosa.

– Sus expedientes se conservan en el archivo de la Colonia de origen – respondió la amable consejera.

– ¿Con tantos archivos no hay confusión?

– No, porque, como he dicho, la ficha está vinculada a la memoria del individuo.

– ¿Aunque esté en el Inframundo y haciendo el mal?

– Sí.

– Si el espíritu está en el Umbral o vagando, ¿dónde está su archivo?

– Cada parte del Umbral está vinculada a una Colonia. El registro del individuo permanece en la Colonia del espacio espiritual donde se encuentra. Si se traslada a otro lugar, a otra región, su expediente permanece en la Colonia de origen.

– ¿Significa esto que siempre tenemos una Colonia de origen?

– Más o menos. En nuestras múltiples encarnaciones cambiamos mucho de lugar y de padres. El origen es más bien la forma de decir a qué Colonia estamos afiliados actualmente.

Hubo una pausa. Al ver que las preguntas habían cesado, la consejera añadió:

– María Dalva, vamos a estudiar su petición. Pasado mañana, vendrá aquí para conocer la respuesta.

Nos despedimos. Cada vez quería saber más sobre mi pasado. El día señalado fui en busca de la respuesta y me alegró ver que era afirmativa. Para tal evento se necesita tiempo. Así que fijamos una hora que funcionara para ambas partes.

Esperé ansiosamente.

Como todo lo que se espera, llega. Y me fui al Departamento de Reencarnaciones. Al llegar allí me dirigí directamente a la sala indicada. Conocí a Hélio y Lúcia que me ayudarían. Este hombre me dijo:

– María Dalva, si quiere detenerse en algún momento, hágamelo saber. Pero primero quiero preguntarle. ¿Es esto lo que realmente quiere?

– Sí, esto es lo que quiero – respondí con convicción.

La habitación, amplia y confortable, estaba en la penumbra. Me invitaron a recostarme en un diván. Frente a mí había una pantalla de cincuenta pulgadas, fina y transparente. Esta pantalla me recordó ligeramente a la televisión de los encarnados. Esta pantalla estaba conectada a mi memoria. Es algo extraordinario y maravilloso. Helio comenzó a narrar y yo observé las escenas en la pantalla. Leyó mi expediente. Curioso, quise saber en qué idioma estaba escrita esta tarjeta, me respondió:

– En esperanto.

Vi una encarnación que vivía en África, era negra. En las reencarnaciones más lejanas, solo veía lo esencial. Me reencarné en Europa, en Alemania. Era pobre, rica, fea y hermosa. Es interesante que esos no me hayan tocado de ninguna manera en particular. Hasta que nací en España, fui médium y hechicera, hice el mal.

Hélio dejó de narrar. Vi las escenas en la pantalla. Para mi experiencia, para aprender, cerré los ojos y seguí viendo las escenas. Fue como si empezara a desenredar un ovillo. Los recuerdos volvieron, fue como revivirlos de nuevo. Abrí los ojos y traté de mantener la calma y recordar todo como siempre había querido.

En esta encarnación era fea, delgada y envidiosa. Mi blanco de la envidia eran principalmente mis hermosos y sanos hermanos, especialmente una hermana muy hermosa.

Despreciaba a todo el mundo y siempre les hacía algo malo. Mi bisabuelo era un brujo que vivía en una casa en el bosque cerca del pueblo donde vivíamos. Era pariente de mi madre, mi padre nos prohibió tener contacto con él. Tenía veintiséis años, era soltero y muy gruñón, sabía que me odiaban y odiaba a todo el mundo, cuando decidí dejar mi casa e ir en busca de este bisabuelo mío. Caminé durante dos días por el bosque, temía estar perdida, cuando encontré su casa fue un alivio. Le dije quién era y tuve mucho miedo de no ser aceptada por él. Mi bisabuelo no dijo nada, pero me dio agua y comida. Esperó a que mi apetito fuera satisfecho. Entonces se acercó. Era feo, horrible y yo me parecía a él.

– ¿Así que quieres quedarte conmigo? ¿Quieres aprender a ser hechicera?

– Sí, me gustaría aprender.

– No es fácil – dijo lentamente –, tendrás que estudiar, hacer sacrificios.

– Haré cualquier cosa.

Era viejo, pero fuerte. Un poco rígido, caminaba sosteniendo un bastón. No era de los que hablan mucho, así que me puso en un rincón donde pasé la noche. Las primeras noches que pasé allí no fueron fáciles, vi espíritus y se rieron de mí. Le conté estas visiones a mi bisabuelo, que sonrió y se divirtió. Después de unos días allí, empecé a poner la casa en orden y ordené mi habitación. Mi bisabuelo se fue al pueblo y me dejó sola, tuve miedo, pero traté de controlarme. Me compró muchas cosas bonitas.

Cuando estaba bien asentada, empezó a enseñarme. Me dio libros para leer y me explicó lo que no entendía, así que empecé a ayudarle en su trabajo.

Mi bisabuelo tenía muchos clientes. Eran personas ricas que encargaban trabajos para sus enemigos, para facilitarles la vida, filtros para el amor; es decir, pociones que hacían sentir deseo por su poseedor. Cobró bien y aprendí fácilmente. Un día me dijo:

– Niña – así me llamaba –, fuiste un regalo para mi soledad. Me gustas. Puede coger todas las joyas que quieras del joyero.

– Gracias.

Y pregunté algo que quería saber desde hace mucho tiempo.

– ¿Funcionan estos trabajos, estos hechizos?

– ¿Funcionan?

– La Tierra, querida, por sus pesados fluidos, es propicia para tales obras. El resultado da incluso para los que vibran con nuestro trabajo.

– ¿Quiere decir que para una buena persona el trabajo no funciona?

– Con el bien no puedo hacer nada. Pero con los que son realmente buenos. No hay que ser malo, solo ser indiferente para que funcione.

– ¿Puedes abuelo, matar a una persona con tu hechizo?

– No, mi hechizo no va tan lejos, no hago ningún mal mayor.

– Obligar a alguien a querer a otro, ¿no es un mal?

Pregunté y me arrepentí, me miró detenidamente y me contestó.

– El amor no se puede forzar. Podemos hacer que desee, incluso, en ciertos casos, despertar la pasión. Aun así, hija, no todo el mundo puede salirse con la suya, tenemos nuestro libre albedrío. Luego están los que hacen el mal, están los que lo deshacen.

Esto era cierto. A veces hacía un trabajo él mismo y a petición, por supuesto pagada, del que había recibido el hechizo, lo desmontaba.

Comprendí que en la Tierra siempre ha sido así con estas obras para el mal, los hechizos, las macumbas. Se hace, en cuanto a si se golpea o no, depende de la buena o mala vibración de la persona. Y si el individuo indiferente entra en la vibración del omiso puede verse afectado. Sin embargo, los resultados no siempre son desastrosos. Porque a menudo llevan a las personas afectadas a buscar ayuda y a encontrar el aprendizaje necesario para su espíritu eterno.

Traté mucho con las hierbas. Hice remedios que se vendieron. También hice un remedio abortivo que vendí mucho. Mi padre se enteró que estaba allí y fue a buscarme. No quería irme, me encantaba vivir allí. Entonces me repudió, dijo que ya no era su hija. Cuando vivía con ellos, me gustaba hacer de su vida un infierno, así que decidí hacerla aun más infernal. Los primeros trabajos de hechizo que hice fueron para los miembros de mi familia.

Pero pronto me olvidé de ellos y comencé a dedicarme cada vez más al hechizo. Cada primera noche de luna llena, íbamos al Sabbat, en un valle cercano a un viejo castillo, a una fiesta que duraba toda la noche. Había comida y mucha bebida. Los espíritus se incorporaban y la fiesta era una bacanal. El jefe encarnado nadie sabía quién era, siempre estaba encapuchado. En estas fiestas, vi e incorporé espíritus. También había un líder desencarnado que organizaba todos los trabajos. Muchas veces me quedé embarazada y aborté todas las veces.

Los años pasaron. La Inquisición estaba matando a mucha gente y la temíamos. Mi bisabuelo y yo nos preparábamos para cambiar de casa, íbamos a una cueva no muy lejos de allí cuando nuestra casa fue invadida por soldados. Nos ataron y nos metieron en un carro. Se llevaron todo lo de valor y luego incendiaron la casa. Tenía mucho miedo, sabía que muchos inocentes morían en las hogueras de la Inquisición, especialmente nosotros dos que éramos culpables.

Estuvimos dos días en una celda mugrienta con otros prisioneros, solo con agua. Nos llevaron para interrogarnos. Nos acusaron de muchas cosas horribles. Mi bisabuelo aceptó todo y no sufrió ninguna tortura. Pero negué las numerosas y absurdas acusaciones.

– ¿Se comen a los niños? ¿Los mata y se los come? – Mi interrogador preguntó con furia.

– No... no...

Me quemaron con un hierro caliente, me extrajeron dientes y uñas. Cansada, mentí.

– Sí, comí niños.

– ¿De dónde los has recogido?

– En la ciudad.

En la ciudad no hay desapariciones de niños. ¿Dónde las recogiste? – Nueva tortura.

Creo que se cansaron de torturarme y dejaron de hacerlo, nos condenaron, a mi bisabuelo y a mí, a morir al día siguiente en la hoguera. Como llovía mucho a la mañana siguiente, se pospuso hasta el día siguiente. Estaba muy magullada y tenía un dolor horrible. En la celda donde estábamos había más personas, todas ellas torturadas excepto mi bisabuelo. Allí con nosotros en la celda había dos personas inocentes. La chica, joven, de diecisiete años, muy hermosa, era un trapo. Me dio pena. Intenté mantenerme cerca de mi bisabuelo. Le dije:

– Todo el mal que hemos hecho no es ni la cuarta parte de lo que nos han hecho. Lo hicimos pero no fuimos hipócritas, hicimos el mal en nombre del diablo, ahora lo hacen en nombre de Dios, de Jesús.

– Plantan, pero cosecharán. A cada uno se le da lo que merece.

– No me has dicho esto antes, que cosechamos como plantamos. ¿Esto es lo que nos pasa en la cosecha?

– Sí. No se hace el mal sin quedar impune.

– Aunque lo sabías, seguiste haciéndolo – dije.

– Me ilusioné con la cosecha, entonces la vida de mago me fascinó. Pero, pueden matar el cuerpo, no el alma – respondió con calma.

– ¿Quieres decir que lo harías todo de nuevo?

– Creo que sí. Principalmente porque pienso vengarme. Muerto el cuerpo, seré un espíritu y esos inquisidores me las pagarán.

– ¿Qué pasará con nosotros? ¿Qué será de nosotros después que nuestro cuerpo muera?

– No lo sé con seguridad, pero confío en mis amigos. El infierno al que esos inquisidores dicen que vamos no es real. Pero hay un lugar al que van los malvados y debemos ir allí. Ahí es donde hemos estado atados durante nuestra vida encarnada.

– ¿Qué pasa con estos que son inocentes? – Pregunté.

– Deben ser inocentes en esta encarnación, pero deben haber errado en el pasado, en otras vidas, para tener esta cosecha como muerte. En cuanto a lo que les sucederá, eso dependerá de si perdonan o no. Si perdonan se irán con los buenos, con el Cordero, de lo contrario se quedarán con los malos.

– ¡Los odio! – Exclamé con rabia.

Llegó el día y nos subieron a un carro y nos llevaron al lugar del sacrificio, un patio en el centro de la ciudad. Estaba débil y con mucho dolor por los numerosos moretones. Nos colocaron en postes y se encendió el fuego. Mi bisabuelo falleció pronto. Me tomé mucho tiempo. El fuego comenzó a mis pies. Grité alucinadamente, luego se me metió en la ropa, en el cuerpo, luego desencarné.

Tras estos recuerdos, Helio apagó la pantalla y me preguntó.

– ¿Estás bien? – ¿Quieres continuar?

Un poco confundida, no respondí inmediatamente. Sentí frío. Incluso olía a carne quemada. Recordé que el inquisidor que me interrogó era mi padre en esta última encarnación. Me había reconciliado con él. Fue un buen padre, tuvo una vida dura, ayudó a mucha gente y se desencarnó con la enfermedad del fuego salvaje, sufriendo mucho. Cuando desencarné, le pregunté a mi madre por él, si se había reencarnado. La que me acusó ante la Iglesia fue mi hermana, cansada de mis fechorías. En esta me encontré de nuevo con ella, era mi profesora. No le gustaba y tuve que hacer un esfuerzo para aceptarla.

– Sí, por favor, respondí, quiero continuar. Y los recuerdos continuaron.

Desencarné y me ayudaron. Un equipo de buenos espíritus siempre ayudaba a los que desencarnaban a través de la Inquisición. Recibí los primeros auxilios. Me llevaron a un Puesto de Socorro. Pero, asqueada, no quería perdonar ni pedir perdón. Dejé el refugio y me fui a vagar por el Inframundo. Durante años vagué sin rumbo. No quise quedarme con mi bisabuelo, se reunió con los espíritus que trabajaban con nosotros cuando estábamos encarnados. Fueron a vengarse de los inquisidores. Pensando que no podrían ayudarnos cuando nos detuvieran, no me preocupé por ellos y anduve sola.

Un día, un rescatista vino a hablar conmigo, él me gustó y lo que me dijo también. Muchas veces iba a donde él estaba para hablar. Decidí perdonar y pedí perdón con sinceridad y me llevaron a un Puesto de Socorro. En ese bendito refugio me gustaba escuchar el Evangelio, rezar, y acabó gustándome mucho.

Sabiendo que era necesario reencarnar, pedí venir a Brasil. Fue mi penúltima reencarnación. Yo era mulata, hija de un padre esclavo y de una madre morena libre. Mi madre no me quería y una pareja portuguesa me adoptó, me crie con otros tres chicos. Todos adoptados. Mi infancia no tuvo problemas. Aprendí a leer y a escribir y me puse a trabajar en una fábrica en cuanto fui joven.

En cuanto vi al jefe de la sección donde trabajaba, me enamoré de él. Estaba casado y tenía hijos, pero acabó interesándose por mí. Nos convertimos en amantes. Ya había sido mi amor en otras vidas. Hice todo lo posible para que dejara a su familia. Cedió a mis súplicas y dejó a su esposa e hijos. Siempre quise tener hijos, pero nunca quedé embarazada. No éramos felices juntos,

Pronto empezamos a pelear mucho. Continué con mi trabajo. Un día me dejó y volvió con su familia. Me desesperé. Fui a un lugar donde hacían trabajos para el mal y pagué mucho para que me hicieran uno para que volviera a mí. No funcionó. Ni siquiera me miraba. Dijo que quería a su familia. Vivía en la amargura.

Tenía un compañero de trabajo, un joven que me deseaba desde hacía tiempo. Un día estaba trabajando horas extras, cuando salí de la fábrica era de noche. No vivía muy lejos de la fábrica y volvía a casa caminando. Pero mi ruta no había ningún movimiento. Este joven me siguió y en un lugar desierto intentó agarrarme. Nos peleamos, él sacó un cuchillo furioso, nos peleamos y yo caí sobre el arma y desencarné. Reconocí en el amante a mi marido en esta encarnación y en el agresor a mi hijo al que tanto quiero. Me fui sintiendo muy mal por tener que dejar el cuerpo muerto, estuve vagando durante años, hasta que busqué ayuda en una asociación espírita. Allí me orientaron amablemente y me ayudaron.

Esta vez pude prepararme para reencarnar. Quería reparar mis errores. Pedí que me dieran de nuevo la mediumnidad. Trabajé duro, estudié y reencarné de nuevo. Comprendí que era una médium para reparar mis errores de cuando era una hechicera. Quiero dejar claro que esto me ocurrió a mí. Cada caso es un caso. No todos los que son médiums lo son por esta razón. La mediumnidad es para muchos una oportunidad de crecer espiritualmente y de aprender.

Los recuerdos se detuvieron. Estaba tranquila.

– ¿Cómo estás, María Dalva? – Preguntó Helio.

– Estoy bien. Estoy bien. Quiero darles las gracias.

Salí del edificio y me senté en una banca del jardín frente al Departamento de Reencarnaciones y pensé mucho en todo. El consejero que me atendió tenía razón. Nuestro pasado está en los archivos, todo lo que hacemos queda registrado. Sin embargo, no debemos tener prisa por recordar el pasado, incluso cuando estamos desencarnados. Muchos acontecimientos pueden conmocionarnos. Pero me alegro de haber reparado mis errores. Y puse fin a mi curiosidad. Ahora sabía del pasado. Me sentí otra, mucho más agradecida. Profundamente agradecida a la bondad del Padre por las oportunidades de las reencarnaciones, en las que siempre podemos enmendar nuestros errores.

III.– El por qué de la buena cosecha

Todo iba bien y me sentía feliz en el mundo espiritual. Además de trabajar, también estudié. Todavía tenía mucho que aprender. En una ocasión, cuando asistía a un curso de reconocimiento del plano espiritual, me invitaron a narrar mi desencarnación a mis compañeros. La narré y terminé diciendo

– La desencarnación fue para mí una feliz continuación de la vida. Me siento muy bien y estoy muy agradecida al Padre por todo lo que me ha dado.

– María Dalva – dijo Eugenia, una compañera de clase –, ¡qué feliz desencarnación! ¿Por qué la tuya fue así? ¿Tenía alguna razón?

– Es la primera vez que oigo a alguien decir que ha tenido una desencarnación tan feliz – comentó César –. Y he estado por aquí durante años. Ciertamente se lo merecía.

– Yo tampoco he oído hablar nunca de una desencarnación así – dijo Marcia – . Díganos por qué. Sufría mucho, estaba apegada a la materia y temía la desencarnación. ¿Vino al plano espiritual con conocimiento?

– Sí – respondí –, encarnada era espírita.

– ¡Ah! – La mayoría de la clase dijo en unísono.

– Esa es una buena explicación. Pero creo que era realmente espírita y no solo una etiqueta. ¿Estoy en lo cierto, María Dalva? – Preguntó Nei.

– Realmente, fui un espírita estudiosa y traté de seguir las enseñanzas de Jesús y los Evangelios que tan bien nos ilumina el Espiritismo –, respondí.

Todos los de la clase me miraron y yo sonreí avergonzada. Nuestra profesora, la Sra. Marly, dijo:

– María Dalva cuando encarnó tenía un verdadero conocimiento de lo que es la vida de ultratumba y este hecho se vuelve muy importante para todos los que estamos sujetos a la desencarnación. Nada mejor que desencarnar sabiendo lo que ocurrirá después de la muerte del cuerpo físico. Fuiste inteligente al tener este conocimiento, esto te facilitó mucho las cosas. Sin embargo, no basta con decir que se tiene una religión, hay que seguir realmente sus preceptos y ponerlos en práctica. Las religiones son flechas en el camino, la fe y la luz, pero solo caminamos si queremos. Y es en este viaje donde nos gustaría saber de usted. Porque, hermana Dalva, hay mucha justicia cuando se trata de la desencarnación. Cuando nuestro cuerpo físico muere, vamos a lugares similares. Nos sentimos atraídos hacia donde merecemos estar. Es en la desencarnación donde disfrutamos de la cosecha de nuestra buena o mala siembra. En la vida encarnada, el bien que hacemos puede ser en reparación de errores pasados. Pero podemos hacer, por la bondad del Padre, al mismo tiempo, reparación y buena siembra. Tú has tenido esta desencarnación como una buena cosecha. Dinos el motivo de esta desencarnación que ha admirado.

Me avergüenzo de mí misma. Durante unos segundos me quedé en silencio y todos me miraron. Mi profesor sonrió y dijo:

– María Dalva, por favor, su historia será una lección para nosotros. Para que todos entendamos que si fue posible para usted, puede ser posible para todos nosotros y que hacer el bien a veces no es tan fácil, pero si todos quieren, pueden hacerlo. Háblenos de usted, para que comprendamos que ha hecho mucho para merecerlo. Que no era un premio, era una conquista, que no era un privilegio, era un mérito. Con estos argumentos he hablado de mi vida encarnada.

– Tuve una infancia pobre, pero feliz. Mi padre falleció cuando yo tenía diez años. Mi madre, para mantenernos, empezó a trabajar como criada. Estudié hasta el cuarto grado y dejé la escuela para trabajar. Conseguí un trabajo en una fábrica de ropa cerca de mi casa. Fue allí donde aprendí a coser. No fue una época fácil, todavía era joven, salía de casa muy temprano y solo volvía por la tarde y todavía ayudaba a mi madre en las tareas domésticas.

Tenía dieciocho años cuando conocí a Mauro y me enamoré en cuanto lo vi. Trabajaba en una fábrica cerca de donde yo estaba empleada. Confieso que lo seguí hasta que empezamos a salir. Hice todo lo que quiso para complacerlo. Sentí que no me amaba, pero me quería bien, y eso era suficiente para mí. Salimos con regularidad y empezamos a ahorrar para casarnos.

Mi boda fue el día más feliz de mi vida. Tenía veintidós años. En cuanto me casé, mis otros hermanos se casaron y mi madre falleció.

Cuando nació mi primer hijo, dejé mi trabajo y empecé a coser en casa para los clientes. Pronto llegaron mis dos hijas. Estaba muy contenta. Fue entonces cuando empecé a sentir a Mauro extraño, pero pensé que era por el trabajo. Hasta que un día, aprovechando que yo iba a la panadería con los niños, se fue llevándose todas sus cosas y me dejó una carta diciendo que estaba enamorado de otra mujer y que nos dejaba. Sufrí mucho, estaba desesperada. Un día lo seguí cuando salió de su trabajo. Le vi entrar en una casa sencilla y llamé a la puerta. Una mujer vino a responder, la miré, era hermosa y estaba embarazada. Le dije quién era y le pedí que entrara. Cuando Mauro me vio, se puso nervioso, fue grosero y me echó de su casa.

Como se hace en los momentos difíciles, fui al Centro Espírita y allí recibí afecto, muchos consejos y consuelo. Decidí ocuparme de mi vida y de mis hijos. Los perdoné y nunca más molesté a mi ex marido con su otra esposa.

En cuanto nos separamos, Mauro arregló el divorcio, que firmé sin problemas. Me daba una asignación cada mes. Se casó con la otra mujer y tuvo dos hijos más. Pero la vida tampoco fue fácil para él, poco a poco dejó de darme su asignación mensual hasta que no la dio más.

Así que empecé a trabajar duro, cosiendo día y noche para sacar adelante a mis hijos. Gracias a Dios lo he conseguido. Estudiaron, tuvieron una profesión, son honestos y todos se casaron bien. Tenía una vida sencilla y era muy honesta.

Pero yo era médium. Desde pequeña veía espíritus y tenía mucho miedo. Veía mucho a mi padre y hablaba a menudo con él. Mi genitor, un buen espíritu, siempre se preocupaba por mí y me daba consejos. Pues bien, cuando me sentía mal por las malas vibraciones que captaba mi sensibilidad, o veía malos espíritus, iba al Centro Espírita que está cerca de mi casa a tomar pases y mejoraba. Muchas veces me aconsejaron que tenía que aprender a manejar mi mediumnidad y con ella empezar a hacer el bien. Deje de ser servido y servir. Pero lo pospuse muchas veces, era católica aunque rara vez iba a la iglesia. Cuestioné mucho las enseñanzas de la Iglesia católica. Lo que me intrigaba mucho eran los discapacitados mentales. Muchas veces pregunté a los sacerdotes y no quedé satisfecho con sus respuestas. Ahora decían que era porque los padres pecaban. ¿Cómo, entonces, puede un inocente pagar por el pecador? Pensé. Entonces respondieron que era porque Dios lo quería así. Pero ¿no era Dios justicia y amor? Pregunté. Los discapacitados mentales, al no hacer el mal, van al cielo, decían. Así que Dios está siendo injusto con las otras personas inteligentes, que pueden hacer el mal e ir al infierno, repliqué. No había forma de entender este hecho que me preocupaba. Solo encontré explicaciones racionales en el Espiritismo a través de la ley de la reencarnación.

El infierno era otro problema. Pensé que lo eterno era mucho tiempo. Si Dios nos ama, nos perdonaría en cuanto le pidiéramos perdón. Contenta, obtuve la verdadera enseñanza a través del Espiritismo. El infierno es solo un lugar malo, que se llama el Umbral y es temporal.

Siempre solía ir al Centro Espírita, más bien para tomar pases, luego con la llegada de los niños empecé a llevarlos también. Tomaba prestados, en la biblioteca del Centro, libros que leía y siempre hablaba con personas espíritas, intercambiando ideas sobre lo que leía y pidiendo explicaciones.

Cuando mi marido Mauro se fue de casa, sufrí mucho, como ya he dicho. Fue entonces cuando decidí dedicarme más a la parte espiritual y elegí el Espiritismo como religión para mí y para mis hijos. Recibí mucho apoyo de gente espírita y empecé a ir a una asociación espírita.

Invitada a estudiar la Doctrina, me inscribí en los cursos. Dejaba a mis hijos solos y una vecina, que vivía al lado de mi casa, siempre venía a cuidarlos por mí.

En cuanto aprendí lo esencial, empecé a trabajar en los trabajos de pases y desobsesión. Fueron muchos años de trabajo sin ausencias. También cosí para el grupo de Asistencia Social del Centro Espírita. A veces cortaba la tela, a veces cosía, este servicio lo llevaba a casa. Esa era mi vida.

 – María Dalva – preguntó Leonilda –, usted cosía tanto para mantenerse a sí misma y a sus hijos, y ¿aun llevaba la costura de la Asistencia Social a casa? ¿Cómo se las arregló?

– Siempre encontré una manera. También porque no hice nada más, aparte de coser e ir al Centro Espírita.

Al ver que todos guardaban silencio, Doña Marly añadió.

– Para ayudarles mejor, los profesores sabemos un poco de la vida de cada uno. María Dalva no nos lo contó todo. Hizo mucho más. Aunque tuvo una vida sacrificada de trabajo material y dificultades financieras para criar a sus hijos, todavía se llevó más trabajo a casa. El asombro de Leonilda es seguro. Y se ocupó de ello, solo que se privó de muchas cosas, como las diversiones que disfrutaba muy poco. A menudo cosía hasta altas horas de la noche, para que los pijamas pudieran calentar los cuerpos de los niños necesitados. Tres veces por semana iba al Centro Espírita para trabajar espiritualmente. Daba pases los sábados por la noche, quedándose casi siempre después para escuchar y aconsejar a las personas que acudían a ella con sus problemas. Los lunes y los miércoles se dedicaba a los trabajos de desobsesión. Hubo muchos, muchos espíritus necesitados a los que prestó su cuerpo para que pudieran ser ayudados y orientados. Fue honesta, perdonó a su marido y a la mujer que se fue a vivir con él. Dio buenos ejemplos a sus hijos, se esforzó por cambiar sus vicios por virtudes. Se guio por lo que Allan Kardec escribió al principio de *"El Evangelio según el Espiritismo"*: "No hay más fe inquebrantable que la que puede enfrentarse a la razón cara a cara, en todas las épocas de la humanidad." Porque, alumnos míos, lo que dice el codificador de la Doctrina Espírita es muy cierto. "Cuántas personas repelen las creencias espíritas, no por miedo a volverse perfectas, sino simplemente por el temor a verse obligadas a enmendarse." Y María Dalva fue valiente, no tuvo miedo de enmendar la plana. Se esforzó, su lucha consigo misma no fue fácil, pero consiguió cambiar internamente para mejor. Hizo tanto bien que se convirtió en buena. Luego estudió el Evangelio, la Doctrina Espírita, leyó muchos libros espíritas y puso en práctica sus enseñanzas. Hizo mucho bien, su lista de buenas acciones es enorme. El que es médium y trabaja para el bien con su mediumnidad tiene muchas oportunidades de multiplicar sus talentos, de plantar la buena semilla y, lo más importante, de aprender. Al ayudar a los hermanos, en realidad nos estamos ayudando a nosotros mismos. Y no solo hizo el bien en el campo de la mediumnidad, fue una buena vecina, una gran amiga, nunca habló mal de nadie, siempre tuvo una palabra caritativa para todos. Y su desencarnación solo podía ser como ella, feliz como su espíritu.

— Para entender mejor, señora Marly, ¿podemos hacerle unas preguntas a María Dalva? — Preguntó Pedro.

– Seguro, estamos aquí para las preguntas.

– ¿Por qué le da vergüenza hablar de lo que hizo? – Preguntó Pedro, queriendo saber. Sonreí y respondí:

– Creo que tengo cierta modestia al hablar de mí misma, porque lo que he hecho me lo he hecho a mí misma. No lo hice para ser propagado sino para reparar errores de mi pasado, de mis existencias anteriores. Después, creo que no hice mucho.

– De hecho, todos tenemos el deber de ser buenos y hacer el bien – dijo doña Marly –. Y nunca debemos hablar de nosotros mismos para presumir, o para disminuir a otras personas. La aprobación del Padre y de nuestra conciencia es suficiente. Pero es válido hablar de nosotros mismos para que sirva de ejemplo. La invitamos a hablar porque creemos que su relato servirá para aprender y animarnos a todos.

– María Dalva – preguntó Pedro –, ¿se arrepiente de haber hecho algo cuando estaba encarnada?

Nunca había pensado en ello, ni me lo habían preguntado, me quedé callada durante unos segundos antes de contestar.

– Lo siento – dije, estaba pensando –. No se me ocurrió nada que pudiera lamentar. Creo que hice todo lo que debía hacer. No tengo remordimientos de nada.

De nuevo Doña Marly interfirió.

– Aquí los actos erróneos que hicimos al encarnar realmente vienen a nuestra mente llamándonos, para un aprendizaje. Realmente creo que nada debería molestar a María Dalva. Feliz eres, alumna mía, que nada te moleste.

– ¿Vino con todos los conocimientos que quería o tuvo que estudiar más? – Preguntó Luíza.

– Me hubiera gustado estudiar más, mucho más. En la escuela encarnada lo hice hasta el cuarto grado. También estudié poco la Doctrina Espírita, me hubiera gustado aprender más. Ahora que tengo más tiempo, he leído y estudiado mucho. El estudio, el conocimiento, hace que todo sea más fácil tanto si estamos encarnados como desencarnados.

– ¿Quieres, María Dalva, cuando te reencarnes, volver a ser médium? – Preguntó Nei.

– Si tengo la oportunidad de elegir, sí, quiero hacerlo. Sería estupendo continuar mi trabajo, ahora con más experiencia.

– Si haces un buen trabajo aquí, desencarnada, podrás elegir – nos explicó doña Marly.

– Si no hubiera hecho el bien, trabajado con su mediumnidad, ¿podría decirnos cómo sería su desencarnación? – Preguntó Leny.

– Hacer el bien me ha traído muchas alegrías, he sido y soy feliz. Trabajando con mi mediumnidad tuve oportunidades de aprender y crecer espiritualmente.

Creo que, si no lo hubiera hecho, ya encarnado sentiría las consecuencias, ciertamente estaría triste e infeliz, mi espíritu deseoso de aprender, de hacer, estaría insatisfecho. La desencarnación, ocurriendo en este estado de desequilibrio, solo podría haber continuación. No, Leny, mi desencarnación no habría sido así si no hubiera hecho el bien. Ciertamente, no hacerlo solo me habría hecho sufrir. Nadie cobra nuestros actos sino nosotros mismos. Y esta acusación es dolorosa. Estoy feliz de haber hecho, de haber cumplido.

Como no hubo más preguntas, la clase terminó en beneficio de todos nosotros.

IV.– ¡Valió la pena!

Una de mis hijas era médium pero no quiso seguir el Espiritismo ni trabajar con este don para el bien de muchos y de ella misma. Decía que era espírita pero no la seguía, de vez en cuando leía un libro de la Doctrina. Siempre daba excusas para no seguirla: a veces que su marido pertenecía a otra religión y no le gustaba que fuera, a veces que sus hijos eran pequeños y la necesitaban mucho. Siempre se dan excusas para encubrir la mala voluntad. Pocos tienen realmente impedimentos justificables. Pero la mayoría no sigue, no hace, porque no quiere y desgraciadamente se da excusas más para sí mismo, trata de justificar lo injustificable.

Cuando la visitaba siempre la encontraba triste, insatisfecha, deprimida, con ganas de desaparecer sin saber a dónde, o con ataques de llanto. Síntomas claros de una mediumnidad enferma, que no tiene ninguna utilidad. Porque la mediumnidad es como un instrumento musical, si se cuida bien y se aprende a utilizar este instrumento, solo podemos sacar un buen sonido de él. Si se desprecia, no se cuida, cuando no aprendemos a lidiar con ella, solo molesta.

Esto ocurría cuando no encontraba con ella a personas desencarnadas, espíritus que vagan y ven en las personas sensibles un canal para vampirizar. Cuando esto ocurrió, no pude hacer nada, porque no me correspondía ayudarla en ese momento. Nosotros, los desencarnados, no podemos hacer la lección de aprendizaje que le corresponde al querido encarnado. Sentimos no poder ayudar. En este caso no podía hacer nada por mi hija que tenía la mediumnidad como una oportunidad para enmendar errores y para aprender. Si la privara de sus síntomas de enfermedad y le quitara todo lo que le molesta, le estaría haciendo más daño que bien. Pero cuando me rezó y me pidió ayuda, fui a donde estaba y traté de liberarla de los importunos desencarnados. Me hice visible para esos desencarnados y les ofrecí ayuda. Si aceptaban, los llevaría al Centro Espírita para que recibieran orientación. Si no aceptaban, les pedía que se fueran de su casa, lejos de ella. A veces se iban, a veces no. No podía forzarlos. Con pesar la dejé con desencarnados malintencionados, pero ella sabía dónde buscar ayuda y lo que tenía que hacer para tener paz.

Siempre la alentaba, diciéndole que se preocupara por la mente:

– Hija mía, sigue el Espiritismo. Ve al Centro Espírita y pide ayuda. Cuando utilices tu capacidad mediúmnica para el bien, te sentirás otra. ¡Serás feliz!

A veces conseguía que tuviera ganas de ir, pero solo iba por el pase. El pase, esta medicina sagrada, la aliviaba temporalmente. Sin embargo, a ella le tocaba hacer su tarea para deshacerse de todos los malos síntomas. Mientras tanto, acudió a médicos y tomó innumerables medicamentos.

Siempre he rezado mucho por mis hijos, pero por esta hija mis oraciones fueron especiales. Deseaba ardientemente que comprendiera y siguiera haciendo el bien con su mediumnidad. Comprendí que la decisión era solo suya. Cuando estaba encarnada le di muchos consejos en este sentido, me escuchó con atención, pero nunca los siguió.

En cuanto desencarné, una amiga mía, compañera del Grupo Espírita, también desencarnó. Se llama María del Carmen. Muy buena persona, amiga, leal, alegre y siempre dispuesta a ayudar a quien fuera. María del Carmen siempre nos dijo que su sueño era ser médium.

– ¡Me gustaría tanto ver, hablar con un espíritu! – Dijo suspirando.

Pero estaba ciega y sorda, como decía, al mundo espiritual. Trabajó durante años en la Asistencia Social, tanto en el comedor que distribuía la casa como en la costura de ropa para los pobres, así como en la distribución de alimentos que se hacía en los barrios pobres de la ciudad. También dio clases de evangelización para los niños.

Deseando verla, fui a visitarla, ya estaba instalada en una residencia. Estábamos muy contentas de volver a vernos. Le pedí que me hablara de su desencarnación.

– María Dalva, mi paso de la vida material a la espiritual fue maravilloso. Estaba bien, sana, en plena actividad. A la hora habitual me senté en el salón con la familia para ver la televisión y tuve un ataque al corazón que me hizo desencarnar inmediatamente. No sentí nada, solo me ablandé en el sillón. Después de unos minutos de silencio, mis familiares vinieron a verme, pero ya era tarde, ya había desencarnado. Sentí sueño y dormí para despertarme en el plano espiritual. Cuando me desperté, me di cuenta inmediatamente de mi estado y agradecí la ayuda recibida. Me dijeron que mi familia, incluso sintiendo pena por mí, se comportó muy bien, como buenos espíritas que son, facilitando la desconexión de mi cuerpo. Y que todo fue bien. He dormido durante tres días. Me recuperé durante unos días en el hospital y aquí estoy entre familiares y amigos.

– ¿Qué es lo que más te ha movido aquí en el plano espiritual? – Pregunté.

– Fue un grupo, parte de un coro de niños, el que vino a visitarme al hospital, brindando con hermosas melodías que me conmovieron hasta las lágrimas. Recibí de estos niños un ramo de hermosas flores. Dijeron que era en agradecimiento por las muchas cosas que había hecho por los niños pobres de la Tierra.

Entonces, bromeé con ella:

– ¿Te resignaste a no ser médium?

– No era mi tarea ser una médium. Es una tontería pensar que solo podemos hacer el bien a través de la mediumnidad. Ser médium puede ser una oportunidad más. La caridad, la benevolencia son oportunidades fáciles y al alcance de todos. Felices son los que lo hacen. Hice, encarnada, la lección que me correspondía y me siento muy bien con eso.

– ¿Sabes lo de Joana? – Le pregunté a María del Carmen.

Por un momento nos pusimos serias. Joana era una médium que desgraciadamente utilizó este don para el mal. La conocíamos porque había sido nuestra vecina. Muchas veces María del Carmen intentó advertirle. Nos evitó e incluso fue grosera con María de Carmen. Joana había desencarnado antes que nosotros.

– Sí, respondió mi amiga. Le pregunté a mi mentor espiritual y me dijo que Joana atraviesa el Umbral con gran sufrimiento. También Honorio, del bar de la esquina, ¿lo recuerdas? Era malo, animaba a muchos al vicio de la bebida. Siempre se negó a dar algo a los pobres, incluso un simple dulce. También sufrió mucho en la Umbral. Peor que cuando encarnó, ni siquiera hizo buenos amigos. Porque, amiga mía, la enseñanza de Jesús que nos dijo que fuéramos sabios y nos hiciéramos amigos del dinero del mundo es muy cierta. Porque los amigos sinceros siempre están dispuestos a ayudar en cualquier ocasión.

Mi amiga tenía razón. Nos despedimos con la promesa de vernos siempre. María del Carmen estudió y entró a trabajar en el Educandário y siempre está muy contenta.

Cuando terminé de estudiar, hice una solicitud para trabajar con el equipo de desencarnados en el Centro Espírita. Pronto recibí una respuesta positiva que me hizo muy feliz.

Me he trasladado al Centro. Allí tengo mi rincón en el Puesto de Socorro que está por encima de la construcción material. El Puesto de Socorro está dividido en tres partes. En la parte delantera se encuentra la recepción, la sala de consulta, la biblioteca y la cantina. La segunda parte es para los trabajadores. Es en esta ala donde se encuentra el alojamiento. Hay un rincón privado para cada uno de los trabajadores, una pequeña habitación. En la mía solo hay un sofá, una mesa y una estantería. Pero es agradable, es excelente para mí. También hay una sala en esta parte que llamamos la Sala de Conferencias, es donde los trabajadores se reúnen para hablar durante el tiempo libre y escuchar música. Es muy agradable, intercambiamos ideas sobre el trabajo realizado y las tareas pendientes. En la tercera parte están las enfermerías. El Centro Espírita es grande y el Puesto también. Las actividades son muchas. Hay mucho trabajo.

Mi sueño se ha hecho realidad trabajando allí, un lugar en el que he servido encarnada y al que quiero mucho. También porque en mi tiempo libre puedo ir con mis hijos más a menudo. Les ayudo, pero no me corresponde hacer la tarea por ellos, cada uno tiene que hacerlo por sí mismo, pero he aprendido a verlos con problemas y a mantener la calma.

Me acordé de una Hermana de la Caridad, una monja católica, que hizo mucho bien cuando estaba encarnada, trabajando como enfermera en uno de los hospitales de la ciudad. Había desencarnado hacía tiempo. Queriendo saber más sobre ella, pregunté al personal de la casa. Y un colega respondió

– María Dalva, esta esforzada hermana trabaja en el mismo hospital donde sirvió encarnada. ¡Es encantadora!

Quería visitarla, porque siempre la he admirado. En mi siguiente día libre, fui al hospital. Allí me recibió amablemente una trabajadora desencarnada del lugar, que fue a llamarla.

En casi todos los hospitales, en el mostrador de recepción, en la entrada, se encuentra también la recepción del plano astral. Allí, los trabajadores atienden a los desencarnados y también intentan ayudar a los enfermos encarnados. Si en el plano material es a veces una prisa, en el plano astral es más tranquilo y organizado, pero con mucho trabajo. Esperé en una pequeña sala cómoda y tranquila y esperé unos quince minutos,

Pronto se abrió la puerta y vi la radiante figura de la hermana Lucíola. Me abrazó cariñosamente. Intenté explicarle.

– Hermana Lucíola, soy María Dalva, cuando encarné fui tu admiradora. Siempre he encontrado su trabajo humano y caritativo. Cuando encarné era espírita, ahora trabajo en un Centro Espírita. Perdone si te molesto, pero tenía muchas ganas de verte.

– María Dalva, ¡qué placer conocerte! Eres tú quien debe disculparme por no haber venido a verte antes y haberte hecho esperar. Es que estaba organizando una desencarnación. Nosotros, los trabajadores desencarnados, siempre enviamos a los hermanos recién desencarnados que necesitan orientación a los Centros Espíritas.

– ¿Cómo fue su desencarnación? – Pregunté. Es decir, ¿se sintió decepcionada porque no era lo que pensaba o creía?

– No me ha decepcionado – respondió sonriendo –. En el fondo, estaba segura de algo más justo y cierto. Pasé en el trabajo, no sentí nada, me desperté muy bien en el plano espiritual. Los miembros del equipo de desencarnación que trabajaban en el hospital me ayudaron. Me encantó el mundo de los espíritus. ¡Qué bonita es la Colonia! Pronto me acostumbré a ella. Durante un tiempo trabajé en un hospital de la Colonia y estudié para entender todo y conocer la espiritualidad. Sin embargo, quiero tanto a este hospital que deseé ardientemente volver a servir aquí. Mi petición fue aceptada, para mi felicidad. Y aquí estoy, feliz y trabajando.

La hermana Lucíola trabaja veinticuatro horas al día, así que no quería quitarle más tiempo. Nos despedimos como grandes amigas. Comprendí lo importante que es servir, ser útil, hacer el bien. Y qué felices son los buenos. Y que el bien hecho hace sentir las verdades eternas en el corazón.

Muchos grupos visitan el Centro Espírita donde trabajo. Son equipos de estudiantes, procedentes de otros Centros, que vienen a intercambiar ideas y a visitar a sus amigos. Uno de estos grupos llegó e inmediatamente un amigo me susurró

– ¡Este es Antônio Carlos! El escritor que dicta a los encarnados.

Y lo observé. Nos sonrió y se acercó a saludarnos. Antônio Carlos es sencillo. Estatura media, pelo de lado, sonrisa franca y abierta. Ojos marrones brillantes y una mirada amable. Siguió una agradable conversación. Me miró cariñosamente y me dijo:

– María Dalva, fuiste una médium encarnada. Fuiste una trabajadora para Cristo. Me gusta escuchar historias.

– Oh – respondí –, no tengo nada interesante de qué hablar.

– ¡Sí, lo tienes! Lo que te ocurrió no le ocurre a muchos. Ha fallecido con el deber cumplido, desgraciadamente esto no es para todos.

– ¿Cómo lo sabes? Todavía no he narrado mi vida.

Nos reímos. Había leído mi aura. Lo resumí y le conté todo.

– María Dalva, dijo, te invito a que narres lo que me dijiste a los encarnados. Tenemos que animar a los trabajadores de la bondad. Su narración será como decirles: "Eso es hermanos, adelante que vale la pena, la siembra puede parecer a veces difícil, pero los frutos están garantizados y son sabrosos."

Mi amigo, que hasta entonces había estado escuchando, preguntó a Antônio Carlos:

– Amigo mío, ¿los encarnados que lean estas felices desencarnaciones no querrán desencarnar?

– Nuestro objetivo es animar a vivir en el bien encarnado. No podemos acortar nuestra estancia en el cuerpo de carne ni desear la desencarnación. Todo tiene su tiempo apropiado.

Todos estos invitados vivían felices, porque tenían el equilibrio y la armonía en el buen vivir y no deseaban desencarnar. Es más, llegaron al plano espiritual en el momento adecuado, determinado por ellos mismos antes de reencarnar. Debemos, en cualquier plano, vivir bien para el bien y sentir a Dios dentro de nosotros. Los lectores sabrán ciertamente que un día se desencarnarán, pero no es correcto desear la desencarnación. Llegará, llega para todos, y felices son aquellos para los que llega en el momento previsto.

Pensé en la propuesta que me hizo mi amigo y pregunté:

– ¿Es difícil hacer esta narración?

– No, es bastante fácil. En un breve curso, aprenderás a escribir y luego dictarás al médium unas horas al día.

– Bueno, acepto. Porque también creo que los trabajadores encarnados del bien, especialmente los espíritas, merecen este incentivo. Y también para saber que su desencarnación puede ser tan fácil y feliz como la mía.

– María Dalva – Antônio Carlos me preguntó – qué debería haber hecho cuando estaba encarnada y no lo hizo... – Me sorprendió la pregunta y me quedé pensando un momento.

– Tal vez debería haber estudiado más. El estudio lo hace todo más fácil, con el conocimiento hacemos las cosas con más seguridad y sabiduría. Por lo demás, hice lo que debía hacer. Si tuviera que volver atrás, si tuviera que pasar de nuevo por esta encarnación, lo haría todo de nuevo, coma a coma, punto a punto.

– Entonces, María Dalva, ¿valió la pena? – Preguntó mi amigo, sonriendo.

– ¡Cómo valió la pena! Siempre he sido alegre, mi espíritu es feliz. Incluso con las dificultades, los problemas y las enfermedades, estaba tranquila, en paz. El bien que hacemos nos da una armonía inexplicable. Muchos encarnados tienen miedo a la desencarnación. No es necesario. Lo necesario es vivir en la bondad, plantar la buena semilla, el resto es consecuencia. Sí, amigo mío, ¡valió la pena!

TERCERA PARTE

Durante algún tiempo había estado sometido a un tratamiento para el cuerpo. Sabíamos que la enfermedad de mi corazón requería cuidados. Y cumplía con todas las indicaciones enviadas por los médicos. Era consciente que debía cuidar el cuerpo como el templo que es del espíritu.

Era el final de la tarde, mi mujer y yo estábamos sentados en el salón viendo la televisión. Me recosté en el sofá y puse mi cabeza en su regazo, como siempre. Me pasaba la mano cariñosamente por el cabello. Sentí que dejaba el cuerpo o que debía dejarlo. Estas salidas conscientes o cuando el cuerpo estaba dormido eran normales para mí. Pero, ese no era el momento para ese evento y quería volver al cuerpo. Entonces escuché:

– Saulo, estás desencarnando. ¡Cálmate! Si quiere ayudarnos. Me dije mentalmente: "Quiero ayudar."

Antes de terminar de salir del cuerpo, lo dejé con aspecto tranquilo. Dejé el cuerpo lentamente. En cuanto dejé el cuerpo; es decir, mi periespíritu dejó el cuerpo de carne, miré y vi todo un poco deformado, pero eso fue solo por unos momentos. Me senté a su lado. Vi que aun tenía los hilos de plata que me unían al cuerpo. Me di cuenta que mi aparato carnal había dejado de respirar. Lo miré con atención. Mi aspecto, del cuerpo, estaba bien. Mi corazón se detuvo y sentí un dolor agudo en el pecho. Pero fue solo por un momento. De nuevo el espíritu que estaba a mi lado, al que aun no reconocía, pero no importaba, sentía que era un amigo, me preguntó:

– Saulo, ¿estás bien? – ¿Quieres ir a dormir?

– Estoy bien, gracias. No, quiero seguir estando consciente. ¿Qué puedo hacer para ayudar?

– Piensa firmemente que te estás desconectando del cuerpo físico. Haz lo que ya sabes.

Eso es lo que hice. Transferí la energía del cuerpo físico al periespíritu. Siempre he amado todo como una manifestación de la Divinidad. Amaba y estaba agradecido por mi cuerpo. Me ocupé de ello como debía. Pero no estaba apegado a él. Nada me pertenecía, era consciente de ello. Todo me fue prestado, y con los objetos prestados mis cuidados se duplicaron.

Todavía podía ver a mi mujer pasándome la mano por el cabello. Me preguntó algo, no le contesté, pensó que me había echado una siesta. Sonrió y se acomodó.

Pude ver claramente, reconocí a los dos que estaban allí conmigo, eran los espíritus de dos hombres, dos amigos que durante años, incluso tiempo, trabajamos juntos en el Centro Espírita. Les sonreí. Me miraban con expresión de felicidad, siempre eran así, felices. Otros dos rescatistas me desconectaron. Cortaron con las manos, no hicieron ningún esfuerzo, simplemente pasaron las manos por encima de mí, el cordón fue desapareciendo. Decidí ayudar. Pensé firmemente que esos lazos debían desatarse. He arreglado mi mente.

Sabía que esta desconexión se hace solo por la acción de la mente, pero esto es para los que saben. Sin embargo, como llegué a saber más tarde, la mayoría de los rescatistas necesitan la sugerencia del despegue, la desconexión, por las manos. Podría haberme desconectado. Pero mis amigos, gracias a Dios, muchos en el plano espiritual, se acercaron a mí en una demostración fraternal de afecto.

Uno de los socorristas, al ver que les ayudaba, hecho no tan común, me preguntó.

– ¿No temía Sr. Saulo la desencarnación?

– En todo momento estamos en la presencia del Señor. No tengo nada que temer – Sonrió, con aprobación, y volvió a su trabajo.

Sabía que estos cierres se hacen de varias maneras, rápidas o lentas. Y el mío, que ayudó, iba a ser rápido. Principalmente porque no tenía miedo y sabía que este acontecimiento es y debe ser tomado como algo normal y natural. Todo lo que se experimenta se hace más fácil.

Pasaron quince minutos. En ese tiempo uno de los amigos le dio un pase a Inés, que se involucró en el programa de televisión.

– ¡Listo! Estás completamente desconectado del cadáver – dijo uno de los amigos, Márcio.

Miré mi cuerpo. Estaba casi sonriendo, con una expresión de calma y tranquilidad. Los dos amigos que estaban allí conmigo se quedaron a mi lado. Los dos rescatistas se fueron.

Inés me llamó de nuevo.

– Saulo, ¡despierta o no dormirás por la noche! ¡Saulo! ¡Saulo!

Puso su mano delante de mi nariz y no pudo sentir mi respiración. Intentó escuchar a su corazón. Se levantó del sofá con cuidado, poniendo mi cuerpo físico sobre la almohada y corrió al armario, cogió la medicina y la puso bajo mi lengua; es decir, mi cuerpo físico. Rápidamente llamó a la sala de emergencias y pidió una ambulancia. Luego, llamó a su hijo y después a su hija. Esperando ansiosamente, llamó de nuevo:

– ¡Saulo! ¡Saulo! ¿Me has dejado, querido? ¿Has desencarnado? – Lloró suavemente.

Me emocioné. Mi Inés era mi única preocupación. Casados desde hace años, siempre nos tuvimos afecto, un enorme respeto mutuo.

Todos llegaron al mismo tiempo. La ambulancia, sus hijos, su yerno, su nuera y sus nietos.

La enfermera me tomó el pulso y me puso la mano en el cuello. Comprendió que ya había desencarnado, pero no dijo nada. Pusieron mi cuerpo en la camilla y lo transportaron rápidamente. Otros amigos desencarnados, compañeros que habían servido durante años en el Centro Espírita, se acercaron. Vi, junto a mi esposa, a su protector. Comprendí que la apoyaban. Le pregunté al amigo Márcio, que estaba a mi lado.

– Si puedes, podemos irnos.

– Dame la mano – dijo Márcio.

Pero di el impulso solo y los tres salimos volitando, ganando pronto el espacio vacío. La ciudad se quedaba pequeña y nosotros seguíamos subiendo. No importaba a dónde fuera. Siempre había dicho a mis compañeros que no tenía preferencia por dónde ir cuando desencarnara, porque dondequiera que fuera, estaba en el Centro de Dios, pues en Él no hay afueras. Y todos los lugares son buenos cuando uno está satisfecho consigo mismo. Hacer buenas amistades entre buena gente es un tesoro adquirido que las polillas no destruyen. Pero, pregunté, mientras hablaba mi voz era tan fuerte y clara como siempre:

– ¿A dónde vamos?

– A la Colonia Esperanza.

Hemos llegado. Mi impresión fue que habíamos llegado en una nube. Pero pronto vi un gran edificio que era tan grande como el ojo podía ver. Rodeado de altos muros. Nos detuvimos y pronto se abrió una puerta. La atravesamos y caminamos uno al lado del otro. Caminamos unos metros y nos detuvimos en un punto. Este punto es un lugar donde se detienen las unidades de transporte. Pronto apareció un aerobús, nos subimos y se puso en marcha. Me miré a mí mismo. Estaba como siempre, me sentía de buen humor, nada me molestaba. En la Tierra, era verano y hacía calor, allí la temperatura era agradable. Llevaba la misma ropa que llevaba mi cuerpo cuando había desencarnado hacía unos minutos.

Nada de lo que vi era nuevo. Ahora estaba seguro que iba a venir mucho a Colonia. El aerobús se detuvo, nos bajamos y volvimos a caminar unos metros. Estábamos en la parte residencial de Colonia. Permanecimos en silencio, pero muy tranquilos. Entramos en una casa. Me recibieron tres personas que sonreían amablemente, dándome la bienvenida.

– Esta es la residencia de tu suegra – dijo Márcio. Nos pidió que te trajéramos aquí, ya que no necesitas ir al hospital. Tu periespíritu está totalmente sano porque entiende bien lo que significa la desencarnación y también porque siempre alimenta su espíritu con la bondad. Pero tu suegra, doña María, te envía sus disculpas por no poder recibirte. Está con su hija.

– Entiendo – dije– y me siento más tranquilo sabiendo que doña María está cerca de mi Inés. Me acordé de mi suegra. Una buena persona, era como una madre para mí. Me gustaba y me sigue gustando mucho. Lleva mucho tiempo desencarnada. Pero estaba ansioso por ver a alguien. Hacía muchos años, una de mis hijas desencarnó como adolescente. Siempre tuve noticias de ella y sentí que siempre estaba a mi lado. Ahora recordaba que siempre nos encontrábamos cuando dejaba el cuerpo en desencarnación o cuando el cuerpo físico dormía. Le pregunté a Márcio.

– ¿Y mi hija?

– ¡Papá! ¡Papá!

Acababa de llegar. Por un momento no pude decir nada, solo la miré. Mi Valeria estaba muy guapa. ¡Pero qué bonito! Sonrió a su dulce manera y me miró fijamente con su armoniosa mirada. Me abrazó y me besó en la mejilla.

– ¡Valeria!

– ¡Bienvenido padre!

Le pasé la mano por el cabello. Me emocioné, pero me controlé. ¡Qué momento tan feliz! Me tomó de la mano y cruzamos una parte de la casa.

– ¡Esta es su habitación!

Dije, abriendo una puerta. No me fijé en el lugar. Para mí todo fue excelente.

– Siéntese, padre mío. ¿No quiere descansar?

– Entretenido, Valeria, no estoy cansado, solo un ligero entumecimiento me invade.

– Es natural. Has desencarnado hace solo dos horas. Sabemos que lo que te ocurrió no es común. Cada desencarnación es diferente de la otra. Lo tuyo solo podía ser así, te lo merecías y estudiaste mucho, aprendiste a tener el control de la situación. ¿Por qué no duermes un poco? Me quedaré contigo.

– Valeria, sería más tranquilo si te fueras a quedar con tu madre y tus hermanos. ¿No es así?

– Sí, puedo.

– Prefiero estar solo. Quiero pensar – Justo entonces, Marcio entró en la habitación.

– Saulo, ¿quieres estar solo ahora? Bien. Estoy en la sala de estar. Piensa en mí y vendré a tu lado.

– Gracias.

Marcio sonrió y no contestó nada. Teníamos en común que uno no agradecía al otro, porque si lo hacía por el otro era con total placer, con amor, era por la alegría de servir. Los agradecimientos fueron dirigidos al Padre.

Mi hija me besó y se fueron cerrando la puerta, me quedé solo. Llevaba zapatos, eran una copia de los míos. Me los quité y me acosté en la cama. El lugar era muy agradable. Comprendí la desencarnación como algo que tenía que suceder y para ello me había preparado toda mi vida encarnada, viviendo en armonía con todo el cosmos. Era algo ordinario. Ciertamente, muchas, muchas veces había desencarnado. Pero esta vez lo hice bien. Mi hija y mi amigo lo han adivinado. Quería estar a solas para rezar, para elevar mi espíritu en agradecimiento a Aquel a quien le debía todo.

– ¡Padre indiscutible! Señor, siento que no merezco lo que me concedes. Ahora siento lo que siempre he buscado. Señor mío, a pesar de mi nada y pequeñez ya no siento la separación entre tu infinita grandeza y mi insignificante personalidad. Tu voluntad es mi voluntad, pues lo que me importa es que tu gloria brille en todo y en todos. No veo cómo darle las gracias. Solo siento, en este instante, que mi pecho estalla de satisfacción y felicidad. Gracias por todo.

Al volver del éxtasis al que me había elevado la oración, pensé en mis seres queridos y los sentí, los vi. Vi claramente a mi mujer, mis hijos y mis nietos llorando suavemente. Sabía que no me defraudarían, que actuarían como los espíritas que eran. Mi cuerpo fue preparado para ser enterrado.

Cambiaron la ropa de mi cuerpo físico, pero yo seguí con la ropa con la que desencarné, pantalón gris y camisa amarilla clara. Cuando dejé el cuerpo, automáticamente formé un doble de la ropa. Sabía que cuando dejamos el cuerpo a través del sueño o de la conciencia, podemos salir con el periespíritu vestido como el cuerpo, o podemos crear otro de nuestra elección. Para mí, ajeno a estos detalles, no importaba, el traje que llevaba era estupendo.

– Debo dormir, dije en voz baja. No debo preocuparme por nada. Los amigos velan por ellos, por mi familia, y siento que en este momento no puedo hacer nada por ellos. Me relajé y me dormí.

He soñado. Me vi como si estuviera desconectado de nuevo, dejé la vestimenta que todavía es el periespíritu[7] y salí a vagar lenta pero confiadamente. Fui como si me atrajeran, como si alguien desde lejos me guiara. Me detuve entre unos árboles y frente a un lago.

– ¡Saulo! ¡Saulo!

---

[7] N.A.E. Dejé el periespíritu dormido, sigue siendo un vehículo inferior, me fui en espíritu. En el libro *"Nuestro Hogar"*, de André Luiz, psicografiado por Francisco Cândido Xavier, tenemos mejores explicaciones en el capítulo 36

Oí que me llamaban suavemente y fui al encuentro de la voz. Vi a un hombre oriental en una banca.

– ¡Siéntate, Saulo!

Me senté, me sentí avergonzado ante esta personalidad que conocía, que sentía que había sido uno de mis maestros del pasado. Sentí un profundo respeto y me conmovió su atención. Me sonrió. Lo observé, estaba vestido como se vestían los orientales en el pasado, el rostro hermoso, no de rasgos perfectos, sino por la armonía que irradiaba. Sus ojos eran anchos y negros, su pelo era corto y oscuro. Me miró cariñosamente, por un momento no supe qué decir, pero lo dijo, su voz era agradable y cadenciosa:

– Saulo, esta vez has actuado bien al encarnar. He venido a saludarte.

– Maestro – le dije –, es un placer volver a verte. La alegría estalla en mi corazón.

– Saulo, sigue estudiando y sirviendo. La escuela de la Regeneración necesita un maestro más. Estoy intentando reunir a nuestro grupo y cuento con tu ayuda para esta tarea.

– Sé que me ayudaste mucho cuando estaba encarnado. A menudo te sentí a mi lado, iluminándome y ayudándome.

– Te ayudé cuando guiaste a los que debíamos, por conexiones pasadas, asistir.

– ¿Vives aquí, maestro? – Pregunté.

– Tú lo sabes mejor. Estoy en la Colonia para darte la bienvenida y decirte que estás aquí por tu propio mérito, porque vibras con este ambiente.

– Maestro, me gustaría beber de la fuente de tu conocimiento.

– Pronto estarás conmigo ayudándome a reunir a nuestro grupo.

– ¿Pueden ganar todos en el bien? – Pregunté.

– Sabes que no todos se han ganado el derecho a ser elegidos. Tendrán otras oportunidades.

Me abrazó, sentí el amor más puro que un ser humano siente por otro.

– ¡Mi Maestro! – Le dije con ternura.

– ¡Saulo! ¡Mi amigo Saulo! La felicidad se desborda cuando un hijo regresa a la casa del Padre con entendimiento y sabiduría. No podía dejar de mostrar mi alegría.

– ¿Nos encontraremos siempre? – Pregunté.

– Cada vez que instruyas a un hermano, estaré en pensamiento a tu lado. Sí, tendremos otras reuniones.

No quería que aquel encuentro terminara, quería disfrutar de la compañía del que había sido mi Maestro durante milenios, mi incentivo para el camino del bien y del progreso. Pero sentí que tenía que empezar de nuevo y lo hice lentamente hasta que volví a mi cama.

Me desperté y me pregunté. Encarnado recordé mucho de mis existencias pasadas. Formé parte de un grupo que adquirió muchos conocimientos y se produjeron muchos acontecimientos y tramas. Este oriental es el líder del grupo. Este grupo es una familia espiritual, personas unidas por una sincera amistad y afinidad de conocimientos. Fue el primero en progresar, en atender la llamada del Padre y en hacer porque fue elegido. Pero no dejó a los rezagados, incluso en el plano espiritual superior, es el Ángel que nos ha ayudado y animado. Fue muy amable al venir a saludarme, a abrazarme. Me sentí recompensado por la visita.

Pensé en los familiares y me sentí reconfortado por los pensamientos que recibí, comprendí que el entierro ya había terminado.

– ¡Vaya! ¡Realmente he dormido! – Exclamé.

Dije con extrañeza, como si hubiera dormido durante minutos. Es habitual que los desencarnados sientan lo que piensan los queridos encarnados. Esto no le ocurre a todo el mundo. Los que se sienten perturbados por desencarnados no pueden entender nada. Pero los que regresan, sienten las vibraciones de los que los aman. Pensé en mi hija y pronto se abrió la puerta y entró, maravillosa como siempre.

– Esperaba que me llamaras...

Bastó con pensar en Valeria para que lo sintiera. Se rio. No esperó a que le hiciera una pregunta y siguió diciéndolo a su encantadora manera:

– Todos están bien en casa. Mis hermanos están consolando a mamá. Todos sintieron tu desencarnación. Pero experimentan las verdades del espíritu. El anhelo es su compañero, pero no el anhelo doloroso. Sienten la ausencia física de quien tanto aman. Así como la ausencia del padre espiritual que siempre les enseñaba y aconsejaba en las ocasiones que lo necesitaban. Pero demuestran que las enseñanzas espíritas que profesan son auténticas. Mamá está bien. Pronto vendrá a nosotros.

– ¿Se enfermará?

– No, desencarnará de forma suave, por un factor fatal.

– Valeria, me preocupa.

– Nos preocupamos. Pero es más fuerte de lo que creemos. No tenemos que preocuparnos por ella.

– Bueno, voy a levantarme y participar en la vida aquí en el plano espiritual.

– ¿Lo has hecho? – Sí. ¿No prefiere descansar unos días?

– El descanso que me obligó a tomar la enfermedad de mi cuerpo ha terminado. Soy feliz sirviendo.

– Estoy feliz y orgullosa de ti, padre mío. ¡Bienvenido a tu nuevo hogar! [8] Sonreímos con alegría.

Me levanté y fui a la sala de estar. Allí encontré a Marcio.

– Entonces, Saulo, ¿cómo te sientes?

– Muy bien. Quiero integrarme rápidamente en la vida de aquí.

– Hay muy poco que aprender. Tú sabe volitar muy bien. No creo que tenga nada que decirte. Pero si tienes alguna duda, no dudes en preguntarme. ¿Te gustaría comer, probar alguna fruta de aquí?

La fruta se ofreció con tanta calidez que tomé una manzana y la probé. En efecto, es muy sabroso. Pero fue la primera y la última vez que me alimenté en el plano espiritual. Supe mantenerme con la

---

[8] Nota de Antônio Carlos: En el libro *“El cielo y el infierno”* o *“La justicia divina según el Espiritismo”*, en la segunda parte, capítulo II, Allan Kardec nos da ejemplos de personas que tuvieron desencarnaciones similares a la de Saulo.

fuerza de mi mente, alimentarme con el apoyo de los fluidos de la naturaleza. Sabía muy bien cómo vivir sin alimentos sólidos. Encarnado ya ejercía este tipo de alimentación cuando los hermanos necesitados chupaban mis energías o cuando me sentía débil. También sabía cómo debía hacer para mantenerme limpio. Me desconecté completamente de los reflejos de las necesidades del cuerpo físico. Tampoco he vuelto a dormir.

– Ahora, dije a los dos que me miraban, voy a salir y solo. Desde luego, no me perderé. Por favor, no se priven de trabajo por mi culpa.

Los dos sonrieron.

– ¿Vas a salir solo, papá? Creía que iba a tener el honor de pasear contigo.

– Otro día, hija.

– Mañana pasaré para llevarle a la Escuela de Regeneración.

– Así es.

Ambos se fueron y yo también. Caminé lentamente, admirando las calles y las casas con sus hermosos jardines. Todo estaba muy limpio y bien cuidado. Todo como nuevo, nada fuera de lugar. Encantado con todo lo que vi, me alejé y me adentré en el bosque. ¡Qué lugar tan maravilloso! El bosque era un gran huerto de árboles frutales. Los examiné. Todas estaban sanas y daban fruto.

– ¡No es el momento de tener tantas frutas! – Exclamé.

– Aquí tenemos fruta todo el año – dijo un hombre que había salido de detrás de unos árboles–.

– ¡Buenas tardes! ¿Admirando los árboles?

– Buenas tardes, soy Saulo. Sí, estoy admirando los árboles, están sanos y hermosos.

– Soy Januário. Trabajo aquí, actualmente estoy replantando árboles jóvenes. ¿No quiere ver?

– Sí.

Le seguí entre los árboles y mi nuevo amigo estaba hablando.

– Este es el huerto de la Colonia. Lo llamamos Bosque. De los frutos obtenidos aquí sostenemos a todos los habitantes de la Colonia y a los puestos de socorro afiliados a la misma. Mediante el sistema de sustento de las plantas y el debido cuidado, tenemos frutos todo el año. Justo enfrente está nuestro huerto. Ahí tenemos las verduras para los caldos y jugos.

Llegamos donde Januário estaba trabajando. Sacaba las pequeñas plantas de dos centímetros de una tabla de madera y las replantaba en una cesta más grande.

– En cuanto crezcan, los plantaremos en su ubicación definitiva.

Lo hizo todo con tanto cariño que al cabo de unos minutos empecé a ayudarle y empezó a hablar.

– Sabes, la Colonia Esperanza se está ampliando. Donde lo encontré, frente al Bosque, va a estar el Departamento de Trabajo.

– ¿Qué pasa con los árboles de allí? Pregunté.

– Se llevarán a la parte ampliada. La Colonia es pequeña. La ampliación se hace así: los técnicos del Plano Superior vienen a nosotros. Es un equipo de espíritus estudiosos y preparados que moldean, construyen con su mente. Trabajan juntos. Primero aumentan su tamaño. La madera se acerca a la pared. Estos árboles que serán trasplantados, serán llevados a la parte aumentada, así como muchos otros serán plantados. Van a construir el edificio del Departamento de Trabajo y el viejo edificio, que está frente a la escuela, pasará a formar parte de la escuela, que necesita urgentemente ser ampliada. Solo tendrán que hacer las adaptaciones.

– ¿Estas pequeñas plantas son solo árboles frutales?

– No, también son flores. Porque la zona residencial también va a aumentar. Y, como habrá visto, todas las casas tienen muchas plantas.

– ¿Estas ampliaciones requieren mucho tiempo?

– No son nada. Todo está preparado y estudiado de antemano por los guías de la Colonia. Entonces solo es cuestión de programar el momento adecuado con los constructores, como se llama a estos trabajadores por aquí. Cuando llegan es cuestión de días, semanas o meses, dependiendo de la renovación. Está previsto que el nuestro esté listo en dos meses. Ellos hacen su parte y luego nos toca a nosotros, los residentes de la Colonia, terminar y arreglar todo.

– Tiene usted un don para trabajar con las plantas. ¿Qué hacía cuando estaba vivo?

– Era un agricultor que cuidaba una pequeña granja.

– ¿Suya?

– Sí, cuando estaba encarnado me lo prestó el Creador.

– Te gustan mucho las plantas – dijo Januário observándome.

– Amo todo como una manifestación del Padre.

Examiné la tierra. La impresión que tuve fue que la tierra allí era como la de los encarnados. Sabía que todo allí era de una materia enrarecida como el cuerpo que ahora vestía, el periespíritu.

– Saulo, terminamos justo a tiempo para la lluvia. Mira, las nubes se están formando, pronto caerán las primeras gotas, dijo Januário.

Me miré y vi que me había ensuciado. Al levantarme, me limpié por mi propia voluntad.

– ¡Maravilloso! exclamó mi amigo. Está recién desencarnado y ya sabe cómo limpiarse.

– Muchas cosas podemos aprender mientras estamos encarnados sobre cómo vivir en el plano espiritual. Pensé firmemente en limpiarme y lo hice.

– Saulo, ven aquí.

Januário me llamó y fuimos a un pequeño refugio donde había muchos plantones.

– ¿Es este el invernadero? – Pregunté.

– No necesitamos un invernadero. La temperatura aquí es siempre agradable, no hace ni frío ni calor, no tenemos tormentas. Es solo un cobertizo para las pequeñas semillas.

La nube no se oscureció, era de color gris claro y comenzó la suave lluvia. Siempre me gustó la lluvia y verla en el plano espiritual me encantó. Siempre me gustó ver las tormentas, los relámpagos fueron siempre, para mí, motivo de emoción, vi en ellos la fuerza de Dios.

Al ver que la lluvia caía suavemente, recordé. Cuando encarné era agricultor, tenía un afecto especial por la tierra. De hecho, me encantaba y ella me devolvía el cariño. El cariño se notaba en la diferencia del borde de la valla entre el trozo que yo cuidaba, el que me pertenecía, y el de mis vecinos. Recordé un hecho: en una ocasión, un vecino despidió a un empleado y este hombre me pidió un trabajo, que rápidamente le di. Unos meses después, este empleado me dijo que su antiguo empleador le había preguntado cuál era mi secreto. ¿Por qué todo lo que le rodeaba era feo y seco y en mi granja todo era verde y hermoso? Le dijo a su antiguo jefe que yo trataba a la naturaleza con amor y respeto y que ella estaba agradecida. Un simple trabajador manual entendió lo que estaba haciendo.

Siempre me sentí a gusto con la naturaleza, me sentí parte de ella. Tanto es así que cuando me bañaba pensaba en que la esencia del agua limpiaba mi aura. Otras veces pensé en el fuego que purificaba mi espíritu. Espiritualmente buscaba el movimiento de la fuerza del aire para purificarme, y la solidez de la tierra contribuía a hacer el entorno agradable.

Al ver el bosque como algo extraordinario, vi los árboles frutales y produjeron. Sabía que todo allí podía formarse con la fuerza mental y con los fluidos primarios que sostienen el cosmos, los objetos, todas las cosas del mundo astral e incluso del mundo físico, todo, en fin, puede sostenerse permanentemente. Pero también allí, en el plano espiritual, había que dar ocupaciones a todos. Si todo tuviera forma, trabajarían los que supieran dar forma y los que fueran incapaces no tendrían trabajo, como Januário que lo hacía todo con mucho amor.

Todo lo que podemos pensar y ver está presente en la vida, de lo contrario nada existiría. Entendiendo esta cuestión en el fondo de nuestra alma, la paz y la armonía son nuestras compañeras en cualquier circunstancia. Desencarnar con lucidez es el efecto de la ausencia de deseos particulares, ya sean materiales, mentales o espirituales. Es una confianza total en Dios, no la confianza de heredar el cielo o el paraíso. Pero la comprensión que lo importante es la gloria de Dios y no mi comodidad o bienestar.

– Solo llueve en el bosque – dijo mi amigo, despertándome de mi meditación.

– ¿Cómo?

– Siempre llueve en toda la Colonia. La lluvia la arrastra, dejando los árboles de los jardines y las calles nutridas y hermosas. Pero aquí en el Bosque llueve casi a diario.

– ¿Se está mojando la lluvia? – Pregunté.

– Mira, dijo Januário yendo hacia la lluvia, ésta cae sobre mí y no me moja. Solo tiene que pensar que no se mojará, que no lo hará.

Lo he probado. Me dirigí a él. Qué agradable es sentir la lluvia. Pensar así, sentir la lluvia cayendo sobre mí, me moja. Januário se rio de mi alegría.

La lluvia cesó. Siempre me gustó la lluvia y sentirla fue una alegría. Pero entonces pensé en mí mismo en seco y en un instante estaba seco y ordenado.

– Gracias por su atención, Januário, pero ya me voy.

Volví feliz, el paseo me hizo muy bien. En casa, mi suegra me estaba esperando. Fue un placer abrazarla. Por la noche tuve algunas visitas que dieron lugar a agradables conversaciones. Al día siguiente, Márcio y Valéria vinieron a buscarme para llevarme a la Escuela de Regeneración. Esta escuela está dentro de la Colonia, pero está rodeada y sus alumnos, principalmente en las primeras etapas del internado, no salen de ella. Esta escuela es para los espíritus que durante algún tiempo han sido rebeldes a las leyes de Dios. Los que siguieron el camino del mal. Los ex rebeldes, rudos, sin conocimiento de la educación, pero que quieren regenerarse, son internados en esta escuela para un aprendizaje. Muchos de ellos tienen muchos conocimientos, son educados sin tener una buena moral. Caminamos lentamente, hablando animadamente. Cuando la vimos, la reconocí, sabía que venía mucho por allí.

El portón se abrió, yo estaba encantado. Me encantaba todo lo que había allí. Entramos en el patio, que es enorme, con parterres, árboles y muchos bancos.

– ¡Hey Saulo! ¿Cómo está usted? ¿A esta hora aquí? – Dijo una señora que, después de haberme observado bien, dijo:

– ¡Has desencarnado! ¿Cuándo? ¿Cómo te va? Bien, por supuesto.

Sonreí, por la forma en que esta señora preguntaba y ella misma respondía. Estaba de pie frente a mí y me dijo sinceramente.

– Le deseo que siga siendo útil aquí. Espero ser su alumna.

– Gracias – respondí. Valeria me tiró de la mano.

– Vamos a ver a nuestros amigos de nuevo.

Entramos en el edificio y nos dirigimos directamente a la sala de juntas. ¡Qué sorpresa! Había muchos amigos allí. Compañeros con los que conviví durante el período en que estuve desconectado del cuerpo.

Abrazos.

– No hace mucho que nos conocimos. Pero ahora la situación es diferente, estás desencarnado. ¿Cuándo se unirá a nosotros definitivamente?

Uno de ellos me preguntó, era profesor en la escuela. Márcio fue el que respondió.

– Saulo pronto vendrá a nosotros, si esto es de su agrado. Podrá vivir y trabajar aquí.

Al sonar la campana que los llevaría a sus aulas, los amigos se dispersaron. Valeria y Márcio siguieron conmigo y mi hija dijo:

– Ven, padre mío, revise todo.

Recordaba todo y cada detalle. Pero lo repasé como ella quería. La Escuela de Regeneración es muy hermosa. Su parte principal son las aulas. Está el ala donde los estudiantes tienen su alojamiento, un rincón para ellos, así como el personal que trabaja en la casa. Hay un comedor, una sala de oración, una sala o salón para conferencias y música, una buena biblioteca, una sala de vídeo y televisión. En la sección de orientación, hay salas para consultas privadas, una sala de juntas y una sala para que los profesores y los trabajadores de la escuela se reúnan para charlar sanamente. En el patio hay una hermosa fuente con agua para abastecer a la escuela.

Los coros y grupos de teatro vienen a menudo a actuar en la escuela. A partir de cierta hora, los alumnos, si quieren, pueden salir de la escuela y dar paseos por la Colonia. Una vez terminado el curso, eligen lo que quieren hacer, reencarnarse, seguir estudiando, etc.

Allí se me conoció y era conocido. Recibí cumplidos y fue un placer corresponder. Mientras nos íbamos, escuchamos.

– ¡Señor Saulo! ¡Señor Saulo!

Era un hombre, de aspecto joven, que se acercó rápidamente a nosotros.

– ¿Tiene tiempo hoy? Espero que no haya olvidado que prometió hablar conmigo.

Recordé vagamente que algún tiempo antes, en una visita a la escuela, cuando aun estaba encarnado, este hombre se acercó a mí pidiendo hablar conmigo. Pero mi tiempo se estaba acabando, tenía que volver a mi cuerpo y no podía ayudarle. Pero, ahora no, tenía tiempo.

– Seguro, hoy tengo tiempo y será un placer hablar con usted.

– No me llame señor, por favor – dijo.

– Bien, pero solo si tampoco me llamas a mí.

– Tengo respeto por usted.

– Seamos amigos. No hay ninguna ceremonia entre amigos – Valeria y Márcio nos miraban y les dije.

– Se puede ir. Me quedaré aquí y luego me iré solo.

Se despidieron y se fueron, invité a este nuevo amigo a sentarse en una banca cerca de la fuente.

– ¿Cómo se llama, amigo?

– Leo– Chin.

– Muy bien Leo, podemos hablar.

– Te conozco desde hace tiempo, sé un poco lo que eres y haces. Mi vida ha sido diferente a la suya. He seguido el camino del mal durante siglos, tanto encarnado como desencarnado. Tuve la gracia de haber recibido su adoctrinamiento. Usted me convenció de volver al bien. Ahora solo me preocupa mi karma negativo. ¿Realmente cree que puedo anularlo trabajando por el bien, por la transformación interior?

– Hoy es la consecuencia de ayer, pero mañana es el resultado de lo que hagamos hoy, con la herencia de ayer y el trabajo de ahora. Si en el pasado hemos vivido en oposición a la armonía del universo, cultivando la arrogancia, el orgullo, la vanidad, en definitiva, cultivando lo que interesaba a nuestra personalidad mediocre y egoísta, creamos inconscientemente energías que desestabilizan nuestro cuerpo y nuestro periespíritu. Pero en el momento en que se produce la comprensión de la verdad única del universo, no solo el conocimiento mental, sino la verdadera comprensión, entonces empezamos a vivir para el universo y ya no para la satisfacción y el placer de la personalidad, ya no tenemos deseos privados[9]. Actuamos en comunión con la naturaleza. Es en este tipo de vida donde anulamos todo el karma negativo y nos transformamos. Al actuar así, ya no es la personalidad la que actúa, sino que es Dios quien actúa a través de cada uno de nosotros. En esta circunstancia, no se crea más karma, ni negativo ni positivo. La realización cósmica del hijo de Dios tiene lugar. Se convierten en uno.

– Saulo, no lo entiendo bien.

– Mi querido amigo, usted puede, en lugar de sufrir para anular su karma negativo, transformarse interiormente para mejor, trabajar por el bien de todos y, en consecuencia, por su propio bien. Sí, trabajar por el bien anula el karma negativo.

– Saulo, ¿si hago todo el propósito y, encarnado, cambio mis planes? Porque sé que cuando me encarne olvidaré muchas cosas. Entonces, ¿qué me pasará? ¿Cómo puedo reencarnar firmemente?

– El propósito es la actitud del creyente que ha visto que ha perdido mucho y se ha arrepentido.

---

[9] N.A.E. Esta es una declaración personal del espíritu Leo– Chin. Véase, a este respecto, en *"El Libro de los Espíritus"*, en la parte I, capítulo I, las preguntas 14, 15 y 16; en la introducción, parte II, párrafos 3 y 9; y también la pregunta 83.

Aspira a ganar lo que no posee. Este propósito debe ser sincero y de corazón. Pero esto por sí solo no es suficiente. Este cambio mental ha sido provocado por el sentimiento de pérdida. Es beneficioso en la primera etapa, pero si solo se trata de un conocimiento mental, está destinado a ser olvidado en una encarnación futura. Si vamos a aportar a la nueva encarnación dones nacidos, es necesario que estos dones no sean meramente el producto de archivos mentales. Pero que sean hijos apreciados de la comprensión que no solo estamos en el universo sino que somos parte integral de este universo. Así, mi mano izquierda y mi mano derecha son partes de mi cuerpo, aunque pueda estar sin ellas. Comprendiendo esto yo estoy en todo y todo está en mí. En consecuencia, me encanta todo. No haré el mal, no porque Dios lo quiera, sino porque sé que al hacer aparentemente el mal a los demás me lo estoy haciendo a mí mismo.

Esto, entendido y vivido, será el elemento que dará a la persona reencarnada el don innato del bien. Todo lo que hagamos debe tener espontaneidad, debe hacerse con alegría. Para que esto ocurra, debemos sentir a Dios dentro de nosotros. Y en todo lo que hagamos debemos pensar que estamos en su presencia. Estudie Leo, prepárese, solo reencarne cuando se sienta firme y capaz. Preocúpese por el presente, hágalo ahora para tener una buena base para el futuro.

Leo estaba satisfecho, le deseaba éxito de todo corazón. Nos despedimos y volví a la casa que era temporalmente mi hogar.

Durante tres días paseé por Colonia. Ya me faltaban actividades. Márcio vino a hablar conmigo.

– Saulo, en tres días voy a ir contigo a revisar todo el plano espiritual.

– ¿No voy a hacer un curso para esto? – Pregunté.

– Escucha lo que he dicho, repasa, ya lo sabes, encarnado fuiste a muchos lugares, principalmente al Umbral, donde trabajaste mucho. Las personas como tú, activas en el Bien, que trabajan dentro de un Centro Espírita desde hace muchas décadas, estudiosas, conocen muchos aspectos del plano espiritual. Ahora vas a revisar. No harás ningún curso. Este estudio es para el conocimiento y tú ya tienes este conocimiento. Los dos haremos una excursión de dos meses para revisar todo.

– ¡Eso es bueno! – Exclamé satisfecho.

Empezamos en Colonia Esperanza, fui a todas partes, departamentos, hospitales, escuelas. Todo parecía encantador. Luego visitamos otras Colonias y las de estudio en el plano superior. Las encontré divinas. El buen gusto y la sencillez son las señas de identidad de estas Colonias.

Luego pasé revista a los Puestos de Socorro en la región como en otros lugares. Fui al Umbral, que me pareció demasiado familiar. Sabía que, cuando estaba encarnado, había caminado por allí ayudando a los hermanos y hermanas necesitados que vagaban por ahí. Siempre me han gustado los espíritus activos, incluso los que siguen trabajando en el mal, porque están haciendo algo o buscando el conocimiento. Para que cambien es solo cuestión de enseñarles a trabajar bien. Y muchos de ellos, después de comprender la bondad de Dios, adoctrinados, se convierten en preciosos trabajadores del bien.

Fui a ver cómo se procesan las reencarnaciones, cómo es la desencarnación, vi muchas religiones, participé en la ayuda a personas encarnadas enfermas y obsesionadas. Finalmente, vi un poco de todo en el mundo espiritual.

El tiempo pasó y el tiempo que Marcio me propuso quedarse conmigo se acabó. Era mi amigo y un gran cicerone. Se lo agradecí con emoción.

– ¡Gracias, Márcio!

– Saulo, ahora puedes ir a la Escuela de Regeneración y trabajar allí.

– ¿No puedo ir a trabajar durante unos meses en el Centro de Rescate del Umbral con los rescatadores?

– Sí, se puedes. Dirígete al Departamento de Trabajo y hazlo el pedido. Pero, ¿puedo saber por qué?

– Márcio, amo de manera especial a estos hermanos rebeldes a las leyes del Padre, me gusta tratar de ayudarlos.

Ya instalado, pasé seis meses trabajando con los samaritanos en el Umbral profundo. Me gustaba demasiado, pero servir a la Escuela de Regeneración era mi objetivo y volví a ella.

En esa época iba siempre que podía a ver a mi familia y amigos encarnados. Siempre los he encontrado bien.

Al conocer plenamente el plano espiritual, comencé a trabajar en la Escuela de Regeneración.

Recordando la vida encarnada

Hice un poco de todo en la Escuela de Regeneración, pero pronto empecé a enseñar. Un día un estudiante nos preguntó. Yo estaba con Márcio.

– Saulo, ¿ya vas a dar clases? Pensaba que era una tarea para los que llevan mucho tiempo desencarnados.

Fue mi amigo quien respondió.

– La enseñanza es para los que saben. El maestro encarnado, continúa desencarnado. El que ha sido es siempre el mismo. También fui a estudiar, me inscribí en cursos en una Colonia de Estudios, donde estudiaba ocho horas y daba clases doce horas. El resto del día visité a mi querida Inés, leí y fui a conferencias.

Un día, al final de la clase, los alumnos y yo estábamos charlando en el patio. Un estudiante me preguntó:

– Saulo, ¿qué has hecho para merecer una lúcida y, para mí, gloriosa desencarnación?

– La oruga, después de comer con toda la voracidad que le es propia las hojas que encuentra frente a ella y habiendo acumulado la energía necesaria, busca un lugar adecuado y, confiando en el Creador, muere como oruga para renacer como mariposa. No es una enfermedad, un trauma o una perturbación, es una comunión completa entre ella y el Creador. De la misma manera puede ocurrir con el hombre, con una única y muy importante diferencia. Lo que la oruga hace inconscientemente, el hombre debe hacerlo conscientemente. Este es el quid de la cuestión. Todos sabemos de la existencia de Dios, de su omnipresencia, pero este conocimiento mental no cambia la forma de vivir y actuar, a pesar de cultivar alguna creencia, los hombres no están realmente interesados en investigar qué es. Viven involucrados solo en su entorno, en su conocimiento físico y mental. Como se le dijo a "Adán": "Ve, crece, multiplícate y realiza tu naturaleza." No nos detenemos a pensar en lo que significa crecer, ya que "Adán" en ese momento era un adulto[10]. Basta con decir que lo que hizo fue

---

[10] N.A.E. Adán, un personaje bíblico, es utilizado aquí solo como una ilustración simbólica por el autor, no implicando ninguna implicación obligatoria con las religiones o sectas.

formar una familia. La gran mayoría sigue viviendo de la misma manera. Pero, ¿crecer cómo? Crecer en espíritu, comprender profundamente que el hombre es una síntesis de espíritu y materia. Si conseguimos espiritualizarnos en la materia, es señal que hemos experimentado el espíritu. El espíritu es la vida que permanece, sin importar cuántos cuerpos hayamos utilizado.

Si la desencarnación es lo contrario de nacer, significa que los dos actos forman parte de la vivencia de la manifestación cósmica. Conscientes de ello, vivimos en armonía no solo con la vida que nos rodea sino con todo y todos, incluso con la muerte del propio cuerpo.

Desencarnar con lucidez es estar desprovisto de todo deseo, sea cual sea, y tener una confianza total en el Padre. Mi desencarnación no fue gloriosa, fue la de una persona que se siente una con Dios.

— ¿Por qué no nos cuentas cómo viviste encarnado? – Dijo otro alumno que prestaba atención a la conversación.

En esto se acercó otro grupo y con ellos estaba el consejero escolar, que me dijo:

– Saulo, para que todos aprendamos que no es imposible vivir bien y en la bondad encarnada, hablemos de ti. Con tu ejemplo veremos que se pueden superar los vicios, adquirir virtudes y que, para transformarse interiormente a mejor, no es necesario ser excepcional, basta con querer. Al ver que todos me miraban, empecé a recordar y a hablar.

– ¿Quién soy? Cuando esta pregunta llena nuestra mente, automáticamente los inicios del pasado de esta encarnación afloran con toda su fuerza en nuestro lienzo mental, y nos confundimos con la personalidad que estamos representando.

Un anhelo sin razón nos envuelve y se vuelve doloroso, un anhelo que no sabemos por qué. Porque el pasado de esta vida no necesita nostalgia, mi vida fue ordinaria, como la de miles de personas. Nací en una familia humilde, mi padre era un trabajador manual, dependía de su fuerza física para ganarse el pan de cada día.

Crecí como cualquier otro niño hasta los nueve años. Fue cuando, a esa edad, empecé a notar que mi razonamiento era más lento que el de algunos de mis compañeros. Esto empezó a molestarme y a hacerme sentir inferior, lo que me llevó a inhibirme frente a otras personas. Este hecho me acompañó hasta mi estancia en el antiguo instituto. Fue en ese momento cuando mi padre falleció. La pérdida de este amigo en el que confiaba fue grande.

La vida me sacudía, me llamaba a la acción. Pero no sabía que, por el contrario, me sentía castigado, solo y abandonado a mi suerte en un mundo en el que me sentía más pequeño que los demás.

Poco después de enviudar, mi madre se volvió a casar con un hombre mucho más joven que ella. Ahí empezó el despilfarro del patrimonio acumulado por mi padre. Desprovisto de esta base monetaria, me encontré de un momento a otro con la necesidad de trabajar para ganarme la vida. Para ganar la competencia natural por la preferencia del empleador, vi que tenía que ser mejor y más productivo que mis colegas. Empecé a prestar una atención casi total a mejorar o desarrollar mi agudeza mental y mi destreza manual, y con los años el esfuerzo dio sus frutos.

Cuando aun era joven conocí a mi apreciada compañera, que al principio no me prestó ninguna atención porque procedía de una familia rica y tradicional. Era empleada en una fábrica que pertenecía a su familia. Pero lo interesante es que, en ese encuentro con ella, volvió a surgir en mí ese anhelo sin razón y el anhelo de algo que no conocía. Pero, para mi felicidad, fui aceptado por ella como pretendiente y encontré en su madre a mi defensora y segunda genitora.

Nos casamos. Este comienzo de una nueva vida fue para mi Inés un tiempo de desprendimiento y privaciones. Pasamos varios años con dificultades y sufrimientos. Hubo un tiempo en el que trabajé durante dieciocho horas al día e Inés, además de sus tareas domésticas y el cuidado de los niños, seguía ayudándome con mi trabajo.

Pero la vida se apiadó de nosotros cinco. Éramos mi Inés, yo, Juninho, Andréa y Valéria, la más joven. Nuestro esfuerzo produjo, con la ayuda divina, una condición financiera razonable, teníamos lo necesario. El trabajo era mucho, con Inés ayudándome ya teníamos nuestro propio negocio, más tarde en nuestra granja.

En los períodos tempestuosos de la lucha por la supervivencia, mis ansiedades interiores estaban totalmente sofocadas. Pero con la relativa calma del sostén de la familia se presentaron de nuevo como mis compañeros inseparables. Pensé entonces que la angustia y ese anhelo eran fruto de mi deseo de tener la suficiente tranquilidad económica para dar a mi familia una vida tranquila y sin privaciones. Pero la vida vino de nuevo a advertirme que no era en la riqueza financiera donde residía mi armonía.

Los días se repiten y la mayoría de nosotros nos dedicamos a la conquista de bienes y posiciones sociales juzgando encontrar la felicidad en estas adquisiciones. Yo no era una excepción a la regla. Incluso en nuestras oraciones somos profundamente egoístas, solemos pedir a Dios soluciones a problemas creados por nosotros mismos o incluso la conquista de nuestras aspiraciones. A menudo solo conjugamos el verbo en presente y en primera persona, "yo." Pocas veces guardamos silencio para que Dios nos hable. Y yo formaba parte de esa mayoría que actúa así.

La humanidad, a través de los tiempos, ha creado diversas normas y reglas para la buena convivencia entre los hombres. Y para mí, uno de los mejores fue el matrimonio, el baluarte de todas mis actitudes. Mi Inés estuvo siempre a mi lado, como un apoyo, en el que mi confianza era absoluta.

Mi vida era mediocre, como la vida de la mayoría de los hombres es estúpida. Una búsqueda incesante e interminable de sensaciones y placeres físicos y mentales. En este afán, las posesiones del mundo se convierten en el fin de mi existencia.

No solo de pan vive el hombre, dijo el maravilloso Nazareno. Pero estamos demasiado ocupados con las cosas del mundo y no tenemos tiempo para los intereses del alma.

Cuando las fuerzas astrales nos golpean perturbando nuestra vida, buscamos soluciones a lo que nos molesta. ¿No entendemos que si algo está mal, no está en nuestra forma de vivir? Porque Jesús de Nazaret nos advirtió que algo más que comer, beber y vestirse conforman la estructura del hombre. Las caídas y los tropiezos forman parte del juego de la vida. Ya me había acostumbrado a esta inseguridad que me golpeaba. Pero cuando el dolor y la angustia llegaron a mis afectos, me sentí como golpeado en las entrañas.

Entonces me llamó la atención un hecho. Mi hijo mayor, en edad escolar, llegó a tener verdadero terror a ir a la escuela. Intentamos todo lo que pudimos, pero no conseguimos nada. Por sugerencia de unos amigos, lo llevamos a un curandero, el Sr. José Alexandre, un hombre mayor con su rosario en la mano, el amor fraternal en su corazón y su alma, involucró a mi hijo en sus oraciones y, como por milagro, su miedo a la escuela terminó. Poco después, mi hija Andréa empezó a tener miedo de todos los hombres. De nuevo busqué la ayuda del bondadoso José Alexandre y ella volvió a la normalidad con todos.

Pero aquel amable anciano me llamó la atención; a pesar de su cuerpo ya descompuesto, todo tembloroso, poseía una fuerza o estaba conectado a fuerzas que yo desconocía.

El bien y el mal formaban parte de mis conocimientos teóricos. Pero no pude, a pesar de todas las promesas y oraciones, neutralizar las fuerzas del mal cuando nos alcanzaron.

Nació en mi alma el deseo de saber. No solo el conocimiento teórico, sino la esencia misma de estas fuerzas. Pero ¿por dónde empezar? En las iglesias cristianas solo había encontrado una evangelización basada en la buena convivencia de los hombres y en una sufrida devoción a Dios. Eso no era lo que buscaba. Ansiaba un estado sin conflicto, un estado mental pleno en el que mis acciones espontáneas no se opusieran a la voluntad de Dios.

Lo único que me quedaba era el Espiritismo. En aquel momento sentía simpatía por él, aunque no lo sabía.

Pero los intereses y las necesidades del mundo físico eran los depositarios de todo mi tiempo y atención. Hasta que un día me encontré de nuevo invadido por una angustia que me dolía hasta la médula. Buscando la razón o el motivo de este sufrimiento no lo encontré en la esfera de las cosas físicas, porque mi vida estaba estabilizada y todo iba bien. Sentí que mi alma estaba vacía y eso me molestó profundamente. Mi compañera me recomendó que rezara. Busqué en los archivos mentales la manera de ser más religioso, recordé la época en que viví en un convento de benedictinos, recordé las enseñanzas que allí tuve, que creí espirituales, pero hoy veo que solo fueron ensueños mentales que no dejaron ninguna raíz. Eso no era lo que quería para mi alma.

Los hombres rara vez buscan dentro de sí mismos las respuestas a sus problemas. Por sugerencia de otros, empecé a buscar la solución a mis estados de angustia y depresión en un pasista. El pase es un remedio momentáneo. Volví a definir que la dependencia espiritual o la mendicidad no era la respuesta adecuada para saciar mi espíritu.

Pero la vida no tiene prisa porque no necesita llegar a ninguna parte. Solo los hombres están afligidos por el tiempo. Se confunden por su personalidad pasajera, por eso siempre tienen prisa. El Espiritismo me llamó la atención. Pero como no lo entendía no me dediqué a ello. Pero las persecuciones espirituales empezaron a afectar a mi trabajo y a mis negocios. Sentí que algo extraño me afligía.

Mi cuñada, una persona de mi afecto, médium, comenzó a ver espíritus y éstos la perturbaron a través de su don mediúmnico. También buscó ayuda en los pases para sus dificultades. Un día, fui con ella a un trabajo de desobsesión. Tal vez, porque todavía éramos inmaduros, no nos tocó y no volvimos.

Hasta que un día Inés tomó prestado un libro espírita. Lo leyó, le gustó y me lo dio, diciendo que me gustaría, porque el tema era el que yo buscaba. El libro que cambió mi vida fue *"Nuestro Hogar"*, psicografía de Francisco Cândido Xavier, del autor espiritual André Luiz. Un gran espíritu dijo una vez que el escritor debe tener la capacidad de llevar al lector el nacimiento de la luz mental que ya se está gestando dentro de su corazón. Esto es exactamente lo que me ocurrió a mí. Cuanto más leía, más me entusiasmaba. He leído todos los libros de André Luiz y muchas obras espíritas. Me encantó la doctrina del codificador Allan Kardec, estudié sus libros con diligencia y medité mucho sobre lo que leía. Más tarde, leí la filosofía de Oriente y las enseñanzas de los grandes hombres que pasaron por la Tierra. Así, todo mi tiempo disponible lo empleaba en leer o meditar sobre los valores espirituales que me llevaban a comprender las enseñanzas del genial nazareno.

Pero poco después de leer las primeras obras espíritas, intenté encajar en un grupo, al principio no fue fácil, porque quería un grupo de eruditos.

Mi cuñada se casó y se mudó a otra ciudad, lejos de la que vivía. Debido a un cúmulo de problemas causados por su condición de médium sin uso, fue llevada por un vecino a una asociación espírita. Al tener todas sus dificultades resueltas, decidió hacerse espírita e ir a un Centro Espírita. Estaba encantada con el grupo y me habló con tanto entusiasmo que decidí conocer. Era lo que buscaba. Así que, a pesar de las dificultades, empecé a asistir al grupo todo lo que pude, y luego, con la ayuda de una persona de este Centro, una señora, que venía a menudo a la ciudad donde yo vivía para orientarnos, formamos un grupo. Entonces llené el vacío de mi alma. Nunca se me había pasado por la cabeza ser un líder espírita. Pero, ya que se me dio la posibilidad, traté de hacerlo con cariño y eficacia. Con el paso del tiempo, fui archivando experiencias y, a través de mucho estudio, fui notando que con mi interferencia en el adoctrinamiento de los espíritus oscuros y burlones tenía más eficiencia y aprendí mucho para ayudarlos. Comprendí que en el contacto con el bien aprendemos a cultivar actitudes beneficiosas. Pero en la relación, o mejor dicho, sufriendo el acoso de los malvados, hechos normales después de convertirme en líder espírita, tuve que desarrollar, o mejor dicho, propiciar el ambiente interior. Este hecho me estimuló a crecer espiritualmente y a vibrar en el bien en comunión con el Creador. Las presiones de estos hermanos se producían con tal intensidad que echaba de menos cuando no me presionaban. Nunca me quejé ni supliqué la ayuda de los protectores. Esto me estimuló a crecer, a estudiar, a meditar y a comprender las fuerzas que rigen los dos mundos que nos sostienen.

Hoy, mirando al pasado, al período en que me inicié como líder espírita, me parece que fue como una prueba de fuego a la que se sometió mi personalidad. Fue para dar testimonio que realmente buscaba los valores del alma.

Es habitual que los adeptos de una secta, sea cual sea, se llenen de entusiasmo cuando vislumbran la posibilidad de conquistar algo mejor o más grande que lo que poseen. Pensaba erróneamente que ser religioso era obtener la asistencia de los buenos espíritus y que, para ello, era necesaria mi presencia física en el movimiento espírita, pero pronto descubrí que era necesario que yo fuera, que vibrara con las fuerzas del Bien, que dejara de ser un mendigo espiritual y que dejara de ser servido para servir, para convertirme en un servidor del Padre.

Meditando en cómo vivían nuestros grandes maestros, especialmente Jesús de Nazaret, vi que combatían la oscuridad con la luz del entendimiento. Y lo hice todo para ser un foco de luz que desintegrara la oscuridad.

Debo aclararle que yo no era un evangelista, era un adoctrinador, tanto para el encarnado como, aun más, para el desencarnado.

Tuve la suerte de unirme a mis amigos desencarnados, un buen equipo que tenía ganas de estudiar, meditar y, sobre todo, de seguir las huellas de Jesús.

También supe que los espíritus que guiamos en el Centro Espírita vinieron a esta escuela de Regeneración y aquí estudiaron durante algún tiempo.

Para mi alegría, todos los miembros de la familia se convirtieron en espíritas y estudiosos. Inesperadamente, debido a una enfermedad mortal, Valeria falleció, dejándonos con el vacío de su presencia física. Este hecho nos llevó a tener más fe y confianza. Hice todo lo que pude para ayudar a mi hija en la nueva vida que estaba llamada a vivir. Con nuestro ejemplo ante la sociedad, ayudamos a muchos otros padres en las mismas condiciones.

Con mi transformación interior, con mi integración con Dios, con la comprensión, ya no había ningún conflicto. Lo único que importaba era mi acción como parte integrante del universo y ya no como una personalidad que disfrutaba de bienes físicos y mentales. Y nunca dejé de enseñar lo que sabía a los que acudían a mí.

Terminé. Pensé que para mí era este cambio interior, esta búsqueda de la verdad lo que me llevaba a ser feliz, a tener la paz deseada. Marcio decidió intervenir, tal vez para que todo quedara bien explicado.

– Seguramente la modestia hizo que nuestro amigo Saulo no nos narrara todo lo que hizo. La vida del espíritu fue siempre una llamada de atención a nuestro amigo. Desde el principio, cuando se involucró en el movimiento espírita, los detalles más pequeños de la información espiritual, en los que se recogían las enseñanzas de los grandes espíritus en los libros que había leído, eran como los ladrillos de una construcción. Le pareció que todo esto era conocido por él. El dicho popular se hizo realidad.

Para los que saben leer, una onza es una carta. Y cualquier mención o hecho descrito del entorno espiritual era como un recuerdo de algo olvidado. El comienzo de su trabajo en el Centro Espírita con los hermanos necesitados fue muy intenso. No tenía ni hora ni día para ayudar a las personas y espíritus encarnados. Pero, al mismo tiempo que se dedicaba a ayudar, meditaba y miraba los resultados del trabajo realizado. Mientras tanto, fue descubierto por espíritus inteligentes dedicados a la realización del mal. Entonces, en lugar de implorar o reclamar la ayuda de sus protectores, se puso a meditar, a instruirse, buscando la mejor manera de neutralizar las fuerzas que le oprimían. Fue al ayudar a estos hermanos cuando recordó gran parte de su pasado. Siempre estaba satisfecho con lo que tenía, pero nunca dejó de desarrollar y mejorar tanto su trabajo físico como su trabajo espiritual.

Hubo muchos hermanos temporalmente en el mal a los que guio. Lo hizo por amor. Le gustan especialmente estos espíritus. Quizás incluso porque él había sido uno de ellos en su pasado lejano. Vivía para lo mejor. Al ver que el simple hecho de neutralizar el efecto de los errores no cambia el espíritu, llegó a utilizar una expresión bastante grosera: "Los desencarnados y encarnados buscan neutralizar la resaca de los errores cometidos, porque la resaca les molesta, pero quieren seguir cultivando los placeres que les proporcionan los errores."

Sin saber el motivo de las intuiciones que le llegaban, sentía en el fondo que había que hacer algo más. Que el trabajo de ayuda, apoyo y asistencia fue bueno, pero no suficiente para transformar o liberar al espíritu de su karma negativo. Luego se dedicó con gran empeño a la enseñanza de los encarnados y los desencarnados. Para ello, se estableció un canal en el plano espiritual donde el desencarnado podía escucharlo. Además, al abandonar el cuerpo físico cuando estaba dormido, se dirigía siempre al Umbral, privándose incluso de los planos superiores, que son siempre más agradables, para ayudar, enseñar y guiar a los hermanos que aun no han sido tocados por la comprensión del amor fraternal del Padre.

Así, Saulo vivió para que el mayor número de personas pudiera, a través de sus enseñanzas y ejemplos, dejar de hacer el mal. Así como ser autosuficientes y dejar de ser mendigos espirituales para ser compañeros en la construcción del mundo mejor que todos aspiramos a vivir en la Tierra. Su lista de logros es inmensa.

Márcio terminó su relato, simpático como siempre. Uno de los oyentes, un estudiante de la escuela, me preguntó:

– Saulo ¿qué piensas de nosotros? Estamos aquí en la Escuela de Regeneración, antiguos espíritus oscuros de los que fuiste mentor. Y particularmente sentí tu afecto. Y esa fue la mayor ayuda que recibí.

– Siento que para ser feliz, para estar bien conmigo, es necesario que tú también estés bien. Mi sentimiento hacia ti es una mezcla de padre y hermano mayor. Puedo adorar a Dios solo, pero solo puedo amar a Dios amando a todos ustedes.

Sentí que esos alumnos también me querían. Con el toque de la campana, el grupo se dispersó, terminando así la conversación tan útil para todos.

Valeria vino a verme y trajo una visita.

– Papá, quiero que conozcas a Antônio Carlos, un escritor extraordinario.

– Es un placer conocerlo – dije alegremente–. Cuando estaba encarnado leí algunos de sus libros y aquí he tenido la suerte de leer otros. Me gusta mucho su forma de escribir.

– Gracias, respondió simplemente.

– Sabes, papá – dijo Valeria –, conocí a Antônio Carlos en la Colonia La Casa del Escritor, le invité a venir aquí a conocerte y, para mi sorpresa, aceptó.

– Desde hace algún tiempo he querido venir a visitar una Escuela de Regeneración – dijo el escritor –. Creo que este trabajo es muy importante. Pero hábleme de usted. ¿Le gusta este lugar, Saulo?

– Sí, todos los lugares son especiales para mí, siento la presencia de Dios en todo.

– Qué maravilla. He oído decir a Valeria que era usted un gran estudioso y que tuvo una hermosa desencarnación.

Nos reímos.

– Saulo – dijo mi nuevo amigo –, estoy buscando a una persona que componga un libro que escriba mostrando a los lectores personas que, encarnadas, se vencieron a sí mismas y tuvieron, por su propio mérito, una feliz desencarnación. Habrá tres personas; a las otras dos ya las he conocido, las he invitado y han aceptado. Este libro será un incentivo para las buenas personas que se esforzaron por su mejora, que fueron servidores, que sirvieron con buena voluntad. En resumen, lo hicieron bien. El primero hizo todo esto, pero no estudió, no adquirió el conocimiento encarnado. El segundo tenía un conocimiento razonable. Ahora quiero uno que haga todo esto por comprensión. Hábleme de usted.

– Bueno, intentaré resumirlo. Verá que no he hecho nada excepcional.

Durante horas charlamos agradablemente. Y, para mi sorpresa, Antônio Carlos hizo la invitación.

– Saulo, te invito a ser esta tercera persona. Por favor, acepte. ¿No quiere dar su ejemplo y aliento a muchos encarnados? Me alegraría que aceptara.

– Acepta, papá, por favor – dijo Valeria con entusiasmo.

– ¡Acepto!

Valeria reflexionó un momento y me preguntó:

– ¿Los encarnados que lean sobre estas felices desencarnaciones no tendrán ganas de desencarnar?

Me reí de mi hija, pero pensé que podía tener razón en su preocupación, y le contesté:

– Este es uno de los puntos que deberían investigar y meditar todos los hombres de buena voluntad. Verán, mi desencarnación no fue una conquista, ni fue vista como el fin de mi forma de vivir. En muchas ocasiones, en las charlas que daba a mis compañeros encarnados, solía decirles que, cuando desencarnara, no sabía a dónde iría. Porque dondequiera que fuera estaría con Dios. Que me sienta bien o que viva bien no está vinculado a la ganancia o a la pérdida. Si este vivir bien ocurrió desde que estaba en la carne, es una consecuencia de mi comprensión que la vida es la única realidad, que está en todo y en todos, no habiendo diferencia si está en la materia o aquí en el mundo astral. La única diferencia está en la separación de los individuos. Aquí se reúnen los espíritus con el objetivo del bien, en el Umbral los del mal. Y en la Tierra el bien y el mal están juntos.

Por lo tanto, si no sentimos a Dios, o mejor dicho, si no tenemos la sensibilidad para verlo en todas las cosas, tanto si estamos en la tierra como en el mundo astral, no podemos ser felices. La belleza de la creación divina es fantástica en cualquiera de sus aspectos. Les digo que lo veo hermoso incluso en la libertad que tienen los malvados para hacer el mal. Pero aquí viene la advertencia de Jesús: *"El mal existirá, pero ay de quien lo haga."* Si el encarnado piensa que la desencarnación cambiará su mundo interior, su primer descubrimiento será frustrante. Verá que la felicidad o la infelicidad es un estado del ser. Se construye en el lugar donde estamos. Yo, aquí, me siento como si me hubiera cambiado de casa. Mi forma de ser, mi objetivo y mi trabajo siguen siendo los mismos. Dignificar incesantemente mi personalidad para toda la eternidad, integrarme cada vez más. Y si, para que esto ocurra con mayor voltaje, tengo que volver a la vida material, no me lo pensaré dos veces, a la primera oportunidad estaré allí.

Valeria, este problema siempre ha existido. Es que nunca estamos satisfechos con lo que Dios nos da, con la oportunidad que tenemos en nuestras manos. Por buscar, por querer más, dejamos de disfrutar lo que el amor paternal de Dios nos da ahora. Al querer las facilidades y la felicidad del después, nos olvidamos de ser felices, aunque estemos en el cuerpo físico. La diferencia para nosotros aquí es que no tenemos necesidades fisiológicas, para los que saben, porque los que vagan todavía sienten los reflejos del cuerpo físico. Pero como tú, hija mía, ya has visto en tus excursiones, los conflictos de la vida mal dirigida existen tanto para los encarnados como para los desencarnados.

Espero, Valeria, que el contenido que ahora narramos pueda despertar en nuestros compañeros encarnados el deseo de abrir los ojos y ver al Dios trascendente que sostiene sus propios cuerpos tanto como cualquier otra cosa. Y, les digo, si llegan a este punto, las dificultades no serán una carga ni un castigo.

Pero los verán como oportunidades para mejorar viviendo más intensamente esta unión con Dios. La belleza de la vida está en participar con Dios en su concierto universal. No importa dónde estemos o de qué manera estemos, porque todo lo que tengamos no será mérito nuestro, siempre será una donación divina.

Si el lector presta atención a nuestro diálogo, verá que la desencarnación no le reportará ningún beneficio. La desencarnación solo cambiará su plano. La verdad tiene fuerza propia, si consigue ver la verdad de lo que hemos dicho, no solo cambiará su forma de actuar interior y exteriormente, sino que también verá que las dificultades del mundo físico son una oportunidad excepcional para pulir la personalidad que nos pertenece.

– Saulo – dijo Antônio Carlos –, desde que te vi, tu armonía me llamó la atención.

– ¡Estoy feliz! Le contesté.

– ¿Qué es para usted la felicidad?

– La búsqueda parece ser el destino del hombre. Desde que Adán fue expulsado del Paraíso, se tiene la impresión que el hombre ha perdido algo de suma importancia[11]. Y desde entonces ha estado buscando incansablemente, pero no ha encontrado el objeto buscado. De hecho, el hombre no sabe lo que busca. En esta confusión, las satisfacciones y los placeres del mundo físico que conoce muy bien se convierten en la razón de ser, el propósito de su existencia.

La homosexualidad, un potencial que solo poseen los seres humanos, debe ser trabajada y desarrollada

---

[11] N.A.E. De nuevo, Adán se utiliza como ilustración simbólica.

por ellos. Esta es la herencia divina, su imagen y semejanza de Dios. Este estado es el de la dicha divina.

La personalidad humana en su inicio es egoísta y ociosa. Es por esta razón que rara vez nos disponemos a trabajar el espíritu. Pues esta aventura, en regiones aun no conocidas por las grandes masas, exige del abanderado espiritual una convicción que requiere una disposición incansable y la capacidad de renunciar a todos los valores conocidos por sus compañeros de viaje.

Ante tal dificultad, nuestra mente se engaña a sí misma para cambiar los valores más difíciles de alcanzar por valores que ya conoce. Los que han sido durante mucho tiempo la herencia de la humanidad. Y así buscamos la felicidad.

Pero, ¿qué es la felicidad para los hombres? ¿Cuándo pensamos que el hombre es feliz? Para la mayoría, es feliz el hombre que no tiene problemas económicos, que no necesita trabajar para ganarse la vida, o que tiene, además de dinero, salud y disfruta de muchos placeres. Cuando la naturaleza niega, boicotea esta felicidad, se juzgan infelices y salen en busca de estos placeres temporales. No somos humildes y no nos conformamos con lo que nos parece poco. Estamos acostumbrados a la idea que la cantidad y la superioridad son presagios de felicidad.

Tenemos que aprender a ver a Dios en sus criaturas y en nosotros mismos. Aprender a valorar la tranquilidad del bien cumplido, la armonía de comprender y vivir las enseñanzas de Jesús, en el crecimiento espiritual. Que no son temporales, sino eternas. Es en la Paz de una conciencia tranquila donde sentimos la omnipresencia y el amor del Padre. Si llegamos a este punto encontraremos la bienaventuranza de los que no tienen nada propio, pero que lo poseen todo con Dios.

Para mí, ésta es la verdadera felicidad que la humanidad ha perdido y aun no ha encontrado, con la excepción de unos pocos afortunados.

En este estado termina todo afán de acumular o poseer deseos, no hay nada más que buscar, es como si estuviéramos en una alegría plena o constante. Me vinieron a la mente las palabras del genial Jesús, comparando el Reino de los Cielos con un banquete. Pero cuando estamos gobernados por nuestras pasiones mentales, no somos capaces de intuir este banquete permanente. Porque la mente solo conoce los placeres sensoriales que son, por su naturaleza, temporales y necesitan ser renovados constantemente. Solo la instrucción, la comprensión de la unidad entre Dios, el hombre y todo el Universo puede proporcionar al hombre, ya sea desencarnado o encarnado, estar en el banquete del Padre. Esta es la mayor y permanente felicidad que el ser humano puede disfrutar.

– Muy bien, dijo Antônio Carlos. Le pido que escriba esto en su cuenta. Pero Saulo, contéstame, ¿qué fue lo más importante para ti en esta encarnación?

– El estudio y, en consecuencia, la vivencia de las enseñanzas de Jesús.

– Y ahora, la famosa pregunta. ¿Valió la pena?

– Decir que valió la pena es muy poco. Es insuficiente para describir mi felicidad resultante de esta última encarnación. Hasta el momento en que me encuentro, los errores y los aciertos han sido constantes en mis existencias físicas y en mis etapas en el plano astral. Como cualquier otro hombre, mi mundo psíquico era un pozo de conflictos entre lo que debía ser y lo que realmente era. Incluso cuando solo cultivaba la virtud, tenía una vida sufrida. Porque la virtud significaba abstenerse de lo que me gustaba, no lo hacía espontáneamente. Solo cuando empecé a hacerlo por comprensión, por amor, aprendí su verdadero significado y la alegría de ser. Comprendí mediante el estudio y la meditación que no había separación entre Dios y yo. Desde entonces no siento ninguna distancia entre yo y Dios, me siento parte de la creación misma sin ninguna duda. ¿Puede haber, amigo mío, algo mejor o más grande?

Fin.

**Libros de Vera Lúcia Marinzeck de Carvalho
y Patricia**

Violetas en la Ventana
Viviendo en el Mundo de los espíritus
La Casa del Escritor
El Vuelo de la Gaviota

**Vera Lúcia Marinzeck de Carvalho
y Antônio Carlos**

Amad a los Enemigos
Esclavo Bernardino
la Roca de los Amantes
Rosa, la tercera víctima fatal
Cautivos y Libertos
¡Valió la pena!

<u>**Grandes Éxitos de Zibia Gasparetto**</u>

Con más de 20 millones de títulos vendidos, la autora ha contribuido para el fortalecimiento de la literatura espiritualista en el mercado editorial y para la popularización de la espiritualidad. Conozca más éxitos de la escritora.

<u>**Romances Dictados por el Espíritu Lucius**</u>

La Fuerza de la Vida

La Verdad de cada uno

La vida sabe lo que hace

Ella confió en la vida

Entre el Amor y la Guerra

Esmeralda

Espinas del Tiempo

Lazos Eternos

Nada es por Casualidad

Nadie es de Nadie

El Abogado de Dios

El Mañana a Dios pertenece

El Amor Venció

Encuentro Inesperado

Al borde del destino

El Astuto

El Morro de las Ilusiones

¿Dónde está Teresa?

Por las puertas del Corazón

Cuando la Vida escoge

Cuando llega la Hora

Cuando es necesario volver

Abriéndose para la Vida

Sin miedo de vivir

Solo el amor lo consigue

Todos Somos Inocentes

Todo tiene su precio

Todo valió la pena

Un amor de verdad

Venciendo el pasado

<u>Otros éxitos de André Luiz Ruiz y Lucius</u>

Trilogía El Amor Jamás te Olvida

La Fuerza de la Bondad

Bajo las Manos de la Misericordia

Despidiéndose de la Tierra

Al Final de la Última Hora

Esculpiendo su Destino

Hay Flores sobre las Piedras

Los Peñascos son de Arena

Otros Títulos de Sandra Carneiro y LUCIUS

Exiliados por Amor

Jornada de los Ángeles

Renacer de la Esperanza

Déja vu

Conexión Galilea

Listos para Mejorar

Salomé

Todas las Flores que yo gané

Libros de Eliana Machado Coelho y Schellida

Corazones sin Destino

El Brillo de la Verdad

El Derecho de Ser Feliz

El Retorno

En el Silencio de las Pasiones

Fuerza para Recomenzar

La Certeza de la Victoria

La Conquista de la Paz

Lecciones que la Vida Ofrece

Más Fuerte que Nunca

Sin Reglas para Amar

Un Diario en el Tiempo

Un Motivo para Vivir

¡Eliana Machado Coelho y Schellida, Romances que
cautivan, enseñan, conmueven y
pueden cambiar tu vida!

Romances de Arandi Gomes Texeira y el Conde J.W. Rochester

Libros de Vera Kryzhanovskaia y JW Rochester

La Venganza del Judío

La Monja de los Casamientos

La Hija del Hechicero

La Flor del Pantano

La Ira Divina

La Leyenda del Castillo de Montignoso

La Muerte del Planeta

La Noche de San Bartolomé

La Venganza del Judío

Bienaventurados los pobres de espíritu

Cobra Capela

Dolores

Trilogía del Reino de las Sombras

De los Cielos a la Tierra

Episodios de la Vida de Tiberius

Hechizo Infernal

Herculanum

En la Frontera

Naema, la Bruja

En el Castillo de Escocia (Trilogía 2)

Nueva Era

El Elixir de la larga vida

El Faraón Mernephtah

Los Legisladores

Los Magos

El Terrible Fantasma

El Paraíso sin Adán

Romance de una Reina

Luminarias Checas

Narraciones Ocultas

La Monja de los Casamientos

Libros de Elisa Masselli

Siempre existe una razón

Nada queda sin respuesta

La vida está hecha de decisiones

La Misión de cada uno

Es necesario algo más

El Pasado no importa

El Destino en sus manos

Dios estaba con él

Cuando el pasado no pasa

Apenas comenzando

<u>**Libros de Mónica de Castro y Leonel**</u>

A Pesar de Todo

Con el Amor no se Juega

De Frente con la Verdad

De Todo mi Ser

Deseo

El Precio de Ser Diferente

Gemelas

Giselle, La Amante del Inquisidor

Greta

Hasta que la Vida los Separe

Impulsos del Corazón

Jurema de la Selva

La Actriz

La Fuerza del Destino

Recuerdos que el Viento Trae

Secretos del Alma

Sintiendo en la Propia Piel

World Spiritist Institute

https://iplogger.org/2R3gV6